我的身體你的商品

那些女性對於欲望、權力與個人意志的自我掙扎

My Body by Emily Ratajkowski

艾蜜莉·瑞特考斯基

賴嬋——譯

獻給斯萊（Sly）

你因為愛看裸女而畫裸女，你在她手上放了一面鏡子，然後把這幅畫題名為《虛榮》，藉此對這名女子提出道德譴責，雖然你剛剛才從描繪她的赤裸中得到滿足。

鏡子的真正功能不在於此。鏡子的真正功能是讓女性成為共犯，和男人一樣，首先把她自己當成一種景觀。

——約翰・柏格（John Berger），《觀看的方式》

CONTENTS

引言

二〇二〇年夏天，梅根西斯塔莉安（Megan Thee Stallion）和卡蒂B（Cardi B）發行了火熱的單曲和音樂錄影帶〈濕濕小可愛〉（WAP，濕濕小可愛〔Wet-Ass Pussy〕的縮寫），瞬間爆紅，影片在二十四小時內獲得兩千五百五十萬人次觀看，空降全美和全球排行榜冠軍，成為史上第一個達成這樣紀錄的女歌手組合。不久後，網路上充斥著對於歌詞和影片裡性慾亢進面向的辯論。許多文化評論者讚揚那首歌是具有積極正面態度的頌歌，並宣稱，卡蒂B和梅根透過饒舌唱出明顯的性交細節和她們的欲望，得以樹立她們的主體能動性，並行使早就該被實現的性別角色反轉。其他人則爭論那首歌和影片讓女性主義倒退了一百年。

上次這樣因為一部音樂錄影帶激起強烈女性賦權和性別論戰，是在二〇一三年由羅賓・西克（Robin Thicke）、菲董（Pharrell）和饒舌歌手T・I・共同創作和表演的〈模糊界線〉（Blurred Lines）。音樂錄影帶特寫了三位幾近全裸的女生到處跳舞，而我就是其中一位。

〈模糊界線〉讓我在二十一歲一夕爆紅。至今部分遮掩著我們裸體的刪減版影片在YouTube上有近七億兩千一百萬人次觀看，那首歌也成為史上最暢銷的單曲之一。未刪減的版本則被YouTube以違反網站服務條款為由，在上傳不久即被撤下。它曾被重新上傳，然後又再次被撤下，這只是讓未刪剪版本的影片更增添充滿爭議的誘惑。

我，或者更精準地說，我的身體政治，曾經突然被全球的女性主義者和青少年男孩討論與剖析。評論家因為我和其他兩位模特兒在影片中被物化，進而批評那部影片是「令人瞠目結舌的厭女主義」。

當媒體詢問我對影片的立場時，我的回答卻讓全世界大感訝異：我完全不覺得那部影片是反女性主義。我告訴記者，我認為女生會覺得（或應該要覺得）我的表演給她們力量。我那番對〈模糊界線〉的言論出現在女性主義部落格時代，在《挺身而進》（*Lean In*）出版、主流雜誌封面會出現「為何女性仍不能擁有一切」這種標題的時代。事實上，我的那番言論早於大眾擁抱「女性主義者」一詞之前，早於碧昂絲（Beyoncé）在寫著「女性主義者」的巨大霓虹告示前方熱舞，也早於快時尚公司開始販售寫有「女性主義者」的T恤。許多人對於性感音樂錄影帶中的那個裸女竟然膽敢稱自己為女性主義者而感到憤恨不已，但也有其他人（多數是年輕女性）認為我的觀點耳目一新。我爭論說我對我的身體和裸露感到自信，其他人誰有資格能告訴我、說我並沒有因為四處裸體跳舞而被賦權？事實上，試圖告訴我該如何對待我的身體，這樣不正是一種厭女行為嗎？我提醒了這個世界，女性主義不就是攸關選擇？所以請不要再嘗試控制我了。

在〈模糊界線〉後又過了幾年，我寫了一篇名為〈寶貝女人〉（Baby Woman）的文章，講述長大的過程以及我因自己的性別和發育中的身體所受到的恥辱。我的國中老師曾經拉彈我的肩帶，並且責罵我任由自己的肩帶從背心底下露出來，即便我現在身為一名在職的模特兒和演員，我能斷言至今還沒有體會過比那更糟的羞辱。對我而言，女孩讓自己具有女性化特徵並沒有什麼問題，就如同女性主義者和反女性主義者想要我們相信的那樣，但讓女孩因此感覺羞愧卻大有問題。為什麼我們是應該要改變的一群人？為什麼我們應該要把身體遮起來，並為了自己的身體道歉？我已經厭倦要為了我呈現自己樣貌的方式感到愧疚。

我的觀點來自於我的青少年時期充斥著各種關於我發育中的身體與性別的雜訊。十三歲時，我和我父母準備要去一間高級餐廳，我爸悄悄地暗示我：「不要那樣穿，就今天晚上就好。」我為此感到十分困惑，往下看著我身上穿的粉紅色蕾絲上衣和集中型內衣。我媽總是告訴我，我要對自己看起來的樣子感到開心，而且特別是這樣的穿衣搭配也總讓我有效地吸引街上成熟男人和學校同學的目光。突然間，讓我感到自傲的事物卻讓我感到困窘。

我當時也不了解，為何大我近二十歲的表姐會在我單獨和她的男生朋友相處幾分鐘後，上氣不接下氣地急忙衝回客廳。我那時不了解她在害怕什麼，雖然我已經本能知道她朋友的肢體語言代表什麼意思：他斜倚在沙發上，臀部向前傾，嘴上掛著不懷好意、誘惑的笑。我當時還是個孩子，但已經多少算是個能偵測男性欲望的專家，儘管我不確定該如何理解那種感覺：這算是件好事嗎？還是我應該為此感到害怕？我應該為此感到羞愧嗎？這些感覺好像同時全部包含在內。

我用了一段我在藝術學院第一年和一位畫畫老師的對話作為〈寶貝女人〉的結尾。當時我給他看我用炭筆畫的裸體素描，他建議：「為何不畫一個腰非常細的女人，細到她傾倒無法站立？」他建議我要不「戲謔地呈現審美標準的刻板印象」，不然就「呈現出審美刻板印象的壓迫」。我無法相信這一切竟是如此死板，我竟然只有這兩個選擇。

我自認自己這輩子大部分的時間都很精明，是個能大發橫財的人。我了解自己擁有一個這世界所珍視的、可商品化的資產，我曾對我用自己的身體建造出自己的生活與職涯而感到驕傲。我曾認為所有的女人都多少被物化和性化，所以我大可以用我自己的方式來做。我曾認為在我的能力之中，我有力量可以選擇去做這樣的事情。

直到今日，當我再閱讀那篇文章和那段時期的訪談，我對年輕的自己感到心疼。現在的我清楚地感覺到自己從前的防禦和挑釁，我以前寫下和宣揚的內容都反映出那時期我所相信的事物，但那些事物卻缺少了更複雜的全貌。

就很多方面來說，我不可否認地一直利用我的性別獲取利益。我已經在國際間出名，累積了上百萬名的觀眾，透過贊助商和時尚活動賺的錢比我父母（一位英文教授和一位繪畫老師）這輩子夢想賺到的還要多。我在網路上分享我自己和我身體的影像，建造出一個平台，讓我的身體連帶我的名字獲得極大聲譽，也多少因此讓我能夠出版這本書。

然而，在其他較不可見的方面，我覺得自己被這世上所謂「性感尤物」的定位給物化，並且限制住了。我被限制在這個異性戀、資本主義、階級主義的世界裡，用我的身體賺錢，因為這個世界的美麗和性訴求僅因為滿足男性凝視而具有價值。我所獲得的一切影響力和地位都只是因為我能夠吸引男性而獲得。我的地位讓我能接近財富和權勢，並讓我擁有一定程度的獨立自治，但這並不是全然的賦權。只有像現在寫下這些文章，並為我所思所想和體驗到的事情發聲，我才真正受到賦權。

這本書充滿了我不想面對，或是我早期沒有能力面對的那些想法和現實。我已經練就能夠屏除那些痛苦、背離我希望相信的那些經歷。我先前一直想要相信：我就是活生生的證明，我能用我自己證明女人能透過商品化自己的面貌和身體來獲取權力。

面對那些關於我處境的枝微末節現實，對我而言是個痛苦的覺醒，殘忍並粉碎了我一直拚命堅持的身分及敘事方式。我被迫要面對醜陋的真相，那些我曾以為重要的、以愛之名的、曾相信能讓我變得特別的事，還必須誠實面對我與自己身體之間的關係。

我仍在糾結自己對於性別和賦權的想法。寫下這本書的目的並不是要找到解答，而是要誠實探討那些我一直不斷萌生的念頭。我希望能夠檢視我從各種鏡像中看到的自己：男人眼中、那些我曾拿來與自己相比的女人，還有我曾經被拍攝過的無數張自己的影像。書裡的短文記載著我深層的個人經驗及其後的覺醒，定義了我的二十幾歲，也改變了我的信仰與政治。

美麗課程

Beauty Lessons

一、

「你出生的時候啊，」我媽開始敘述，「醫生把你舉起來，然後說：『看看她的身型！她好漂亮！』那時候的你真的很漂亮。」她露出一抹微笑。這個故事我已經聽了好多遍。

「隔天醫生把自己的小孩帶到醫院，只為了讓他們看看你，你那時候真的是個美麗的嬰兒。」通常這個故事會到此為止，但這次我媽卻還想繼續說下去。在她繼續開口前，她臉上出現了招牌的無辜表情，我已經習慣每當她想對我或我爸說些她知道她不該說的話，她就會露出這個表情，於是我暗自在心裡做好準備。

「說也好笑，我哥最近才在跟我說……」她嘴角浮現淡淡笑意說著，並開始模仿舅舅和他的東岸口音：「『凱西，艾蜜莉是個漂亮的寶寶，但沒有比你漂亮。你是我看過最美的嬰兒了！』」她聳聳肩並搖了搖頭，好像在說「很誇張吧」。我快速地思考她會希望我如何回應她，直到我發現她正盯著窗外，注意力早就不在我身上了。

二、

我在攝影棚做妝髮造型，和髮型師的助理聊天。「你媽媽是不是很漂亮啊？你跟她長得很像嗎？」他一邊問，一邊用手指順著我的頭髮。

他將護髮產品噴在我的髮尾，看著我們兩個前方的鏡子，研究著我的面容。他讚美我的眉毛：「你的眉毛很好看耶！」他一邊拿著毛刷，一邊發表意見。

「女孩，你是哪裡人呀？」我已經習慣每次拍攝總是會有這個話題，而且每次談話都是這樣開始，但我只想盡快結束這個話題。我很不喜歡白人女生總是利用回答這個問題的機會，說些「我有百分之十三的這個血統，百分之七的那個血統」這樣的話，好讓自己好像具有所謂的「異國風情」。我只是簡單地告訴他：「我就只是個白人女孩。」我的髮型師聽了之後大笑。

「好的，白人女孩。」髮型師露出大大的笑容接著說：「但我可以感覺到你就是有點不一樣。」他噘起嘴唇，將身體重心換邊，斜站著挺出臀部。他告訴我他幾乎全是墨西哥裔血統。

「那你媽媽呢？」他又重複一遍他的問題，真心好奇地問道：「她跟你一樣漂亮嗎？」

「對呀，她比我還美。」我說。髮型師的眉毛上揚，然後繼續梳著他手中的接髮髮片。「嗯，我確定不是**那樣**。」他好意地回覆。我已經習慣每當我這麼說時大家都會有些不自在。

「我是說真的。」我用事實就是這樣的態度回他，我是認真這麼覺得。

三、

我媽媽是那種古典美：她有一雙寬眼距的綠眼睛、小而優雅的鼻子、小臉，而且她的身材，用她的說法是像個沙漏般凹凸有致。她這輩子總是被與伊莉莎白．泰勒（Elizabeth Taylor）聯想在一起，而這樣的比喻我很認同。某些年齡層的人曾說她看起來像年輕時的費雯麗（Vivien Leigh）。伊莉莎白．泰勒主演的《玉女神駒》（*National Velvet*）和費雯麗主演的《亂世佳人》（*Gone with the*

Wind）這兩部電影我爸媽都有，就放在他們床邊小小的電視錄影帶收藏中。我小時候看了這些電影無數次，彷彿感覺能從中一窺更年輕版本的我媽，讓我自己沉浸在南方佳人的世界裡。看著電影裡費雯麗將自己的下巴垂下，側眼看著克拉克・蓋博（Clark Gable），我就會想到我媽的那些故事：在她的高中時期，可愛的男孩們會站在她臥室窗外的草坪上。我想到她在畢業紀念冊上的照片，想像著她戴著返校日皇后表揚背帶的絲質，還有她頭上頂著的閃耀皇冠的重量。

四、

我父母家的客廳有個木頭櫥櫃，裡面放著他們的銀製餐具和陶瓷杯盤。櫥櫃上還放著一些相框、他們旅行的紀念品和我爸的小小雕塑作品。來訪的客人總是會被其中一個相框吸引，相框內有兩張圓形的照片俏皮地互相傾斜。右邊那張是我媽國小時期的黑白照片，照片裡的她綁著短短的辮子；左邊的照片是差不多年紀時候的我，戴著黑色的髮箍，束起頭髮露出整張臉。兩張照片中的小女孩都露出大大的笑容，要不是因為老相片的紙質和我媽的照片右下方印有年份，看到照片的人可能會以為兩張照片是同個小女孩。「照片裡誰是誰呀？」來訪的客人都會這麼問。

五、

我的秀髮總是會打結。在我還小的時候，每當洗完澡之後，我媽總是會用順髮噴霧和梳子幫我梳開頭髮上的結。我的頭皮會因為拉扯而刺痛，還要為此一直高舉自己的頭，導致我的脖子也很痛，我痛恨這個過程。我會死盯著眼前順髮噴霧的瓶身，上面印有海洋生物的圖案，一邊看著微笑著的橘色海馬跟胖胖的藍色鯨魚，一邊感受淚水從我臉上留下。順髮噴霧甜甜的味道讓我流口水。我能感覺到她把梳子插進我的頭皮，我痛苦地大叫：「不要弄了！」

那棟我從小長大的房子沒有天花板，只有未與頂部相連的矮牆矗立在屋頂下方，所以我的哭喊聲會迴盪在整間屋子。當我爸聽到我的嚎叫聲，他會在另外一個房間用《星際大戰》（*Star Wars*）的主題曲旋律唱著：「頭髮戰爭呀，沒什麼就是頭髮戰爭。」

六、

我成長的過程並沒有任何宗教信仰，上帝的說法並不是我童年的一部分。我不常禱告，但我卻記得當自己還是個小女孩時，經常祈禱擁有美貌。我會躺在床上，用力閉著眼睛，在棉被裡非常努力地集中精神，甚至認真到流汗。我相信只要你盡可能地放空腦袋，然後專注在眼皮後面擴散的光點，一心一意想著一件極度渴求的事情，這樣上帝就會認真對待你。

「我想要變成全世界最美的人。」我會一遍又一遍地在腦中重複，在心裡想著，甚至在嘴裡默念。我期望我的冥想可以讓上帝留下深刻印象以回應我的請求，直到最後我控制不住萌生其他念頭，然後沉沉入睡。

七、

我媽媽的爸爸伊利（Ely）是個固執又嚴肅的男人。他在一九一二年出生，從當時的波蘭、現在的白俄羅斯的一個小猶太村莊來到美國埃利斯島。他是個才華洋溢的鋼琴師，十五歲從茱莉亞音樂學院（Juilliard）畢業，然後成了化學家，並成為三個女兒和一個兒子的父親。他告訴我媽媽，當人們稱讚她很漂亮的時候，回覆別人謝謝是不合宜的舉動。他並不覺得她有完成什麼成就而值得他人稱讚。

「你做了什麼？」他會這樣問她。「沒有，你什麼也沒有做。」

八、

我從很小的時候就知道我什麼也沒做就獲得了這樣的美貌，就像我外公對我媽說的一樣。那我的美貌算是我媽贈與我的嗎？我有時候總能感覺到她覺得這多少是她的功勞，就像一件家傳珠寶，而這個珠寶也曾經是她的，是一件與她共存一輩子的寶物。這件珠寶被傳承下來給我，而我也一併繼承了那些她因為這個寶物承受過的痛苦和勝利。

九、

「你想穿什麼就穿什麼，小艾。」我媽總是這樣告訴我，「不用管其他人。」她希望我不要覺得羞恥，希望我可以擁抱自己的模樣，並接受這樣的外貌可能為我帶來的所有機會。

十三歲時，我從一個正式的舞會裡被趕出來、送回家，因為舞會裡的成年監護人覺得我的洋裝太過性感。那件洋裝是我跟我媽一起去買的，它是粉藍色的，洋裝的伸縮蕾絲材質緊貼著我剛發育的胸部和臀部。當我走出試穿室的時候感覺有些不自在，我媽起身擁抱了我。

「你看起來超級可愛。」她說，露出溫暖的微笑。

「這不會太性感嗎？」我問。

「才不會呢！你有很美麗的身材。」我媽從不希望我覺得自己的身形或容貌太過誇張。「如果別人對你的樣子有意見，那是他們的問題。」她總是這麼說。

當我媽來舞會接我回家時，我的眼眶滿是淚水，感到既羞愧又困惑。她把我的頭髮撥到耳後，然後用雙臂環抱著我。「去他媽的那些人，都給我滾！」她罵道。她為我煮了一頓特別的晚餐，然後讓我一邊看愚蠢的電影一邊吃晚餐。後來，她在我的允許下寫了一封凶狠的抱怨信。

「我要嚴厲地警告他們，給他們一點顏色瞧瞧。」她宣示著。

十、

我試圖估量在這充滿美人的世界裡，我父母認為我屬於哪個層級。他們的女兒被認為美麗對他們來說好像很重要，尤其對我媽而言是如此。他們喜歡告訴朋友別人如何試圖找我去當模特兒的事，而在我國中簽了經紀公司後，他們也喜歡跟朋友說我的模特兒成就。他們認為，身為負責任的父母應該把握讓我當模特兒的機會。「她可以賺很多錢耶，她有大頭照嗎？」有個女人在我們當地的超市排隊結帳時問道。在我們回到街邊商店區的停車場，朝我媽的車走去時，我大哭著說：「媽咪，我不想要大頭照。」我那時候以為大頭照是要用針刺頭的意思。

最後，我爸媽幫我找了一個經紀人，然後開始開車載我去洛杉磯各地拍攝和參加模特兒徵選，就像我同學的爸媽會載他們去地方足球比賽那樣。我爸把我的第一張模特兒卡（一張索引卡大小的卡片，上面有我的身材尺寸和模特兒照片，通常會在徵選時提供給客戶）放在他教書的教室辦公桌旁牆上。我上高中時，我媽把我一次工作拍攝時的一張九．五吋乘以十一吋黑白照片裱框，面向大門放在廚房流理檯上，因此任何從門外進來的人都會立刻看到我噘起的唇、光著的腿和凌亂蓬鬆的頭髮迎接著他們。

那張照片和它擺放的位置讓我尷尬不已。當我搬離家後，我說服我媽移掉那張照片，而那已經是好幾年後的事了。「你說得對，」我媽說，「這張照片已經不能再代表你了，你現在比那時候美麗得多！」

十一、

我的美貌讓我感到特別。當我感覺自己特別的時候，我最能感受到我父母對我的愛。

十二、

我媽帶我去的第一場模特兒徵選會是替一間牛仔服飾公司舉辦的，那個品牌專賣我從沒擁有過的昂貴牛仔褲。我媽找了一個代課老師幫她上課，這樣她才能載我去洛杉磯。我提早離開學校，在國中學校停車場跳上她的福斯金龜車通勤到徵選地點。

她戴著太陽眼鏡，在高速公路上狂飆。「我問了你的經紀人這場徵選你有多大機會，她以為我在問你有多大機會能夠『成功』。她說：『她絕對有機會，但這種事情總是很難說。』」我媽看著後視鏡，雙手握住方向盤，繼續說道：「我是要問你有多大機會能拿下這場試鏡，不是想問你會不會出名。」她搖了搖頭，解釋說道：「我一點也不喜歡這樣，他們總是言之過早。」

在徵選辦公室裡迎接我們的是一陣涼爽的冷空氣和一扇扇從地板到天花板高的玻璃門。白色長椅排在室內，掛在牆上的螢幕顯示各個不同的房間被分派給不同的試鏡徵選。我快幾步走在我媽前面，穿著這個牛仔品牌比較便宜且有彈性版本的經典牛仔褲和一雙黑色厚底靴，這些都是在折扣服飾店羅斯百貨（Ross Dress 4 Less）新買的。穿著高跟靴子的我看起來比我媽高了將近三十公分。

我們坐在長椅上休息，我感覺自己的腳在這雙不熟悉的靴子裡，感受靴子的拉鍊如何割著我的腳。一個有著一頭凌亂、自然而明顯捲髮的雀斑男孩坐在我們幾英尺旁的位子。「艾蜜莉？」一個年輕女生舉起筆記夾靠近她的臉，接著眼光掃過一張張長椅，我起身站起來。

「晃動你的頭髮。」我媽在我旁邊輕聲說道。我低頭一晃，感覺到血液衝上我的臉頰，我的頭髮圍繞著我。然後我抬頭站好，頭髮擺盪至我臉的兩邊。當我的身影消失進入徵選室時，我可以感受到我媽的眼光一直注視著我的後腦勺。

在回程車上，我將頭靠在手上休息，盯著窗外。陽光灑落在我的臉頰，高速公路的景象快速飄移。

「那個男孩看著你站起來、晃動你的頭髮，他一直在看你。」我媽說。

他究竟看到什麼了？我想著。

十三、

從我十二歲開始，我媽就老是喜歡重複講一些男孩子注意到我的故事。（像是「我大概永遠忘不掉你經過他時，他臉上的神情！他在跑道上愣著不動，還整個人傻掉，嘴巴開開！」）但我媽也認為，男人對於美麗的理解有限而且粗淺。

「瑪麗蓮．夢露（Marilyn Monroe）從來就不是真正的**美麗**！」她會這樣跟我說，然後我爸聽到那個名字後臉上會露出同意的表情。

對我媽而言這些是有區別的：有些女人是對男人有吸引力，但有些女人是真正的美麗。「我就不懂珍妮佛．羅培茲（Jennifer Lopez）。」她皺著鼻子說。

「我猜男人就是喜歡她那種。」久而久之，我理解她說「男人喜歡的那種」比起「美麗」這樣的形容更低一等，但被評為「男人喜歡的那種」女人又比完全不會被提到的那些女人好。每當她提到那些不是「男人喜歡的」又不「美麗」的女人時，態度就會變得有些高傲。「她滿可愛的。」她會這樣說，甜甜地微笑著，但語調裡帶著些許同情。當我們一起看年輕女演員主演的電影時，我媽幾乎都會評價她們的外貌：「我說呀，她不能算是**美女**。」她有時候也會這樣對我的朋友，當我們一起去逛街的時候，她會無意識地審視她們的外貌。「她絕對不能算是漂亮，但她的身材倒是不錯。」她會像這樣發表意見，就像她在超市檢視加州酪梨的成熟度一樣。

十四、

在我離開家之後，我爸媽習慣把我專業拍攝的照片分享在他們的臉書上。「太感謝你了，蘇西！」或「我們真的很以她為榮，凱倫。」我媽會像這樣回覆她每個朋友的評論。我爸也會回覆他的朋友，但他不會謝謝他們，他反而喜歡和朋友開玩笑說：「丹，她有我的心和靈魂，僅此而已！」我讀著他的回覆，想到那時他跟我說我遺傳到他的鼻子。

「可以算是個大鼻子！」他說完大笑。結果我媽皺著眉說：「約翰，別這樣說！」她輕聲地說著，聲音低沉而且滿是不贊同。

十五、

我媽彷彿認為我的美貌被世人認同就像是一面鏡子，也映照著她自己有多少價值。

她說：「我一個大學朋友在我的臉書上留言，說他有看到你近期的雜誌封面照片。他說：『難怪凱特琳的女兒這麼美麗！但她沒有比你美，凱特琳！沒有人能比得上你。』」

我媽老是愛提醒我。以前她總是會跟我抱怨其他女人是怎麼對待她的，而當時年僅三歲的我就會跟她說：「媽咪，她們都只是嫉妒你而已！」

她一遍又一遍重複講著這個故事，彷彿這個故事是個迷人的證明，驗證我從小就很貼心又具洞察力。直到長大後我才訝異地發現，為什麼我竟然在還沒學會讀書認字之前就已經被灌輸了女人之間比較的觀念？我怎麼會在那麼小的時候，就知道那樣的回覆會讓我媽在經歷不友善對待之後獲得慰藉？

十六、

我自己也用其他方法塑造了和我媽相似概念的鏡子。我研究網路上那些我在頒獎典禮紅毯上的照片、狗仔隊拍攝我的照片，還有我自己手機相簿裡的照片，我會點擊螢幕，把照片裡自己的臉放大，然後試圖分辨我是否是真的美麗。我會滑社交娛樂網站Reddit，閱讀和思量關於我的討論串裡對我的評論，思考我是真的如同其中一個用戶說的「過譽了」，還是其實是像另外一個用戶說的「是世界上最美的女人」。我從其中一個評論者那裡得知，他宣稱他是我近期拍攝團隊裡的一位工作人員，說我「本人完全沒什麼特別的」，然後另一個用戶說在我公寓附近的轉角咖啡店看過我本人跟我的狗，她說她可以證明我「真人比照片還要好看，漂亮到不行」。

我會在社群軟體Instagram上發布照片作為我美貌的測試，然後無法自拔地確認按讚數，像是在看網友是否同意我真的很美。儘管不想承認，我卻經常用這樣的方式收集數據，試圖量測我的吸引力，越客觀、越殘忍越好。我想要計算我的美麗程度來保護我自己，來知道我到底有多少力量、我有多受人喜歡。

十七、

當我和高中第一任認真交往的男朋友做完愛躺在床上，他開始跟我說一些關於他睡過的其他女孩子。他描述她們的身體、她們的頭髮，還有他喜歡她們的什麼，我聽著他的敘述，突然感到一陣驚慌。我的胃開始翻攪，並且開始流汗。**我到底是哪裡不對勁？**我暗自想著。**為何當我男朋友在講別的他覺得有吸引力的女**

生時，我的身體會有這樣子的反應？

當他繼續說著那些女孩子時，我下腹和臀部所有的肌肉緊縮，我知道再過沒幾分鐘我就得要衝到浴室去了。他不停說著，完全沒有發現單薄棉被下的我那樣蜷縮著。我開始發抖，而他持續說著「她……她的……」我點了點頭，問了一些問題，假裝無所謂，儘管我知道自己之後就會花上幾個小時搜尋這些女孩的資訊，並在學校裡關注她們來蒐集資料，看看我與她們哪裡相似又有哪裡不同。因為害怕自己再也承受不住，我最後終於起身衝到廁所。即便我知道這些我男友過往認識的女生，或者他這樣提起她們都不會真正威脅到我的安全，但我的身體反應卻像是受到了威脅。一想到他可能曾經覺得某個人比我還要有吸引力，我就覺得厭惡。

十八、

有些我媽過往的回憶，我非常能感同身受，甚至有時候會忘記那些究竟是她經歷過的還是我自己親身經歷的事。就像先前我媽曾經說過，在我爸剛開始追她的時候（我媽是這麼說的），他們去參加一個派對，然後我媽走進女生廁所。她從廁所隔間走出來的時候，遇到我爸的前女友，她當時正站在一面寬闊鏡子前的洗手台旁洗手，而我媽就站在她隔壁。「然後我就想，呃，好，我們都在這裡了。我們兩個那麼不一樣！你懂嗎？」她們兩個就在那裡，那兩位我爸選擇的女人。我想像她們直挺挺地站著，她們的手臂輕鬆地置於身體兩旁，臉上毫無表情，可能當時其中一個水龍頭還開著。我媽比那個我爸曾同居過的金髮女人還矮了將近三十公分。那個女人寬大的肩膀露出蒼白的肌膚，修長的軀幹閃爍著亮光，她的頭髮聞起來有海水的味道。而我媽媽，深色的捲髮圈起她桃心狀的臉蛋，玲瓏有致的臀部剪影映照在廁所的白色磁磚上。當她們正在估量著自己和對方時，彼此臉上都蒙著一層陰影。

十九、

我媽老愛跟我說她多希望擁有像我一樣的頭髮。

「就像一匹綢緞。」她說道，一邊看著我，一邊在我蠕動離開時將手滑過我的頭頂。

「媽，別這樣！」我厲聲說道，然後在聲音劃破空氣時立刻討厭起自己的聲音。

「我知道，我知道。」她像是在哼唱著，「你現在是個青少年了，不想要被人家觸碰，但你永遠是我的寶貝。」

「唉，我這輩子都好希望能擁有像你這樣的一頭秀髮。」她又靜靜地再說了一次，突然認真了起來。「我要用熨斗把我的頭髮在熨燙板上燙平，讓它直的像是珍．愛舍（Jane Asher）的頭髮一樣。」她眼神失焦，想像著另外一個人生，那個世界和現實唯一不同的是她的髮質。（「拜託，那會差超多的耶！」我可以想像她會這麼說。）

現在我才知道，以前我不是單純因為變成典型的青少年而不想被觸碰，我只是不想被我媽注視。因為我知道，每當她在看著我的時候，她時常在算計，檢視著我並比較著。

二十、

當我還年輕時，無論是我的女生朋友還是我有興趣的男人或男孩，我都很討厭收到他們對我外貌的讚美。我二十出頭時曾短暫交往過一個男生，他老是喜歡取笑我，說只要他告訴我他覺得我很美，我就會變得尷尬不自在。「天啊，你完全沒辦法承受耶！」他會這樣嘲笑我，然後看著我立刻又變得難為情。

「閉嘴啦！」我翻了個白眼，試圖表示他搞錯了。

「但你是一名模特兒，你就像是因為美貌而出名的啊。」他困惑地說，等待著我的解釋。

我從來不知道該如何回答。我想告訴他，我不需要我喜歡的男孩來告訴我我有多漂亮。在拍攝現場聽到那樣的讚美，我會很開心，那是因為我正在賺錢。但在我私底下的生活時，我並不想要這樣的讚美。某部分的我正試圖抗拒我領會到的：將美貌和特別連結在一起、將美貌與愛連結在一起。謝囉，不用。我這麼想著。**我才不要那些他們試圖給予我的東西。我不想要他們的鏡子，我不想要那種「你是最美的」的那種愛。**

二十一、

我媽在六十幾歲的時候就不染頭髮了，任由頭髮變灰、變銀，然後終於變白。她持續留著短髮，自然的髮量撐出她的頭型。她看起來很漂亮，很少人會用漂亮這個詞形容超過六十歲的女人，但漂亮一詞卻能精確地描述我媽和她優雅的五官，年紀讓她的五官看起來更加柔和。

「變老這件事很奇怪。」某個早上她在我洛杉磯公寓裡，坐在我靠窗的藍色沙發上告訴我。「我某天走在路上，看到兩個很誘人的男生朝我走來。我不由自主地在經過他們的時候站得直挺了一些。」她輕輕地一笑，「但他們根本就沒在看我。那時我才知道，我現在對他們而言已經像是個隱形人了。他們看到的只是一個有著灰白頭髮的女士！」

在自然光線下說著話的她看起來很可愛。

「我猜日子可能就是這樣過的。」她聳聳肩。她看起來很平和，我想像著有一天不再被男人注意到的感覺會是怎麼樣。

「可能這樣反而多少覺得自由？」我問。

「大概吧。」她終於說道。

二十二、

我和我老公剛結婚時，他曾隨意地評論說：「世上有這麼多美麗的女人。」當他說出這句話時，我整個人都僵住了。我理解這完全是個可接受且真實的說法，但我還是熟悉地感覺到我的腸子在翻攪。

「怎麼了？」他問。他可以感覺到氣氛的轉換，他可以發現我的身體突然變得緊繃。

「我不知道。」我答道。我將臉埋進他的胸膛，對於自己的反應感到羞愧。

「我不知道為什麼，聽到你那樣子說感覺有點受傷。」

我可以感覺到他試圖安慰我，但同時也覺得很困惑。我也想要他安慰我，但我不確定自己為何需要他的安慰。為什麼我會突然覺得他好像不夠愛我？

二十三、

在我的心理治療師那間狹小沒有窗戶的診療室裡，我告訴她我對我老公那番話的反應。我向她解釋自己的腸子絞痛、那些評判與其他女人。

「蘋果和柳橙。」我的治療師對我說：「如果你和其他那些女人不一樣呢？如果你其實是一種完全不同的水果呢？」她輕柔地問著。

我好討厭自己正在談論這個話題，一部分的我感到極度羞愧。我想要站起來然後尖叫：**拜託！我當然知道這些！我恨那些把自己跟別人拿來比較的女人！我才不像她們那樣！**

但又有另外一個版本的我需要聽她說這些，因為有一部分的我想要更正她的話。「但每個人都有自己最喜歡的水果啊！」我對她說道，感覺眼淚從臉頰上滑落。「每個人都會有一個更喜歡的，勝過其他所有。世界就是這麼運轉，每個東西都有等級之分。總是會有一個比另外一個更好。」

〈模糊界線〉

Blurred Lines

當我大學休學轉當全職模特兒時，我很喜歡跟朋友說法文中的模特兒是「人體模型」。

「所以呢……」我會聳肩說道，「我就是以當人體模型維生。」

差不多在那個時候，我得了嚴重的腸胃炎，一個星期就瘦了四．五公斤。我康復之後並沒有胖回來，因為我發現比較瘦的身材讓我有了更多預訂好的拍攝工作。我開始一直穿著厚底鞋（就算我需要在半夜打扮好，在天亮前抵達拍攝現場），因為我不想讓我的客戶有機會看到我比其他的模特兒還要矮。我開始擅長時間管理，以前那對我來說總是很困難，在高中時期和唯一上大學的那年，我總是那個上課後十分鐘才走進教室的女孩。我掌握了洛杉磯的交通狀況，確保自己能提前起床，讓時間更有餘裕，如果真的要遲到幾分鐘，我也會提前通知我的經紀人。我讓我的客戶想怎麼拍攝、怎麼打扮我都可以，就算我討厭自己看起來的模樣。我調整我的行為、態度和身體，心裡只有一個目的：錢。

我之前認為我的模特兒生活和工作只是暫時的，暫時保護我免於我大部分朋友在二〇〇八年金融危機後的悲慘命運：他們當時得暫時搬回父母的房子住，背負學生貸款，還得回去他們青少年時期打工的服務業工作。

金錢代表自由和掌控權，只要一週裡有幾次學會怎麼變成另外一個人，我就能夠資助自己的獨立生活。我只要脫光衣服，用身體油將自己全身變得油油亮亮，穿上一些我永遠不會挑來穿的紅色蕾絲內衣或亮色印花比基尼，擺出撩人的姿勢，同時在一些中年男性攝影師的指令下噘嘴。

在我休學而且得到腸胃炎之後，我的財務成就達到了新的等級。內衣和泳裝拍攝工作付給我的錢，比一般網拍拍攝工作整天的薪水還多。我還獲得了幾個客戶，他們因為我的身體為他們商品帶來的效果定期預約我進行拍攝。我記得有次在拍攝內衣商品時，我從更衣室走出來，一位女客戶評論說：「很難找到身材這麼纖細，胸部卻能夠填滿罩杯的女孩。」我的罩杯尺寸是個稀少又有價值的資產，換句話說，我的胸部能為我帶來高報酬的工作。但我的胸部卻也限制了我能夠做的工作類型，我被視為「商業型泳裝女孩」，意思是我只能拍攝商品型錄，卻永遠無法替時尚產業工作。

我靠著當模特兒賺得越多，我就越喜歡這份工作。我沒什麼有錢的朋友，因此我隱瞞了自己的嗜好：我喜歡自己開著車到服飾店，去那種一年多前我跟我高中女生朋友還不敢在那買任何東西、只有很偶爾才會停下來欣賞陳列的店。我們之前會在銷售人員問說「女孩們，有什麼可以幫你們的嗎」時快步離去，但是現在，我已經可以這樣奢侈地自己走進店裡，拎著我的合成皮包包，用指尖觸摸垂掛著的衣裳，每當我回覆銷售人員說「是的，謝謝你，我想要試穿這件衣服」的時候，我就會感覺一股令人戰慄地興奮感從脊椎升上來。有時候我會買件衣服，其他時候會什麼也沒買地空手離開，但不管怎樣都會因這樣的體驗而興高采烈。有一晚，在我的單獨購物之行結束後，我穿了一件全新的海軍外套去見一位朋友，她問我外套是什麼時候買的。

「今天。」我告訴她，她搖了搖頭。

「該死的。」她說：「只要你想要，就能走進一間店，拿起任何東西，這種感覺真的很讚，對吧？」我研究著她的表情，欣慰地看到她不帶有一絲憎恨的情緒。我因為彼此生活上的新差異感到有點尷尬，但也很感謝她能夠體會我的快樂。她說得對，那種感覺真的很讚！

我找到洛杉磯市區一間位在一樓的廉價閣樓公寓，每個月用現金支付一千兩百五十元美金的房租，把厚厚的鈔票放在信封裡，交給住在我正樓上、散發廣藿香油臭味的房東。這個空間全是水泥，只有一扇用鐵條釘出來的窗戶，窗外是一個停車場。我住的地方天花板很低，低到當我穿著我瘋狂著迷的厚底鞋時，一舉起手就可以將我的手掌平貼在天花板上。但這些我全都能忍受，我很興奮自己終於有個我覺得很寬敞的公寓，比我先前住的地方還大上好幾倍。我將牆和天花板全都塗上白色油漆，然後在床頭板釘上我在一元美金商店買的聖誕吊燈。

工作一整天後，我最喜歡的事之一就是從我公寓附近一間外帶店買泰式料理回家，然後坐在床上吃。我的床架是從我爸媽家借來的，完美地搭上一條我花了六十元美金從流行服飾品牌Urban Outfitters買回來的被子。我像是為了那樣美好的夜晚而活，我無法想像有什麼事能更奢華或更令人享受。

每當大家問我為什麼要住得離模特兒界的中心好萊塢那麼遠時，我喜歡跟大家解釋，我住的地方每平方英尺只花我一元美金。我很驕傲自己住在所謂的藝術區，一個被視為時髦又新潮的鄰近社區。通勤距離倒是滿遠的，至少要花四十五分鐘車程到大部分我拍攝和徵選的地方。但我喜歡我的公寓讓我和攝影師、經紀公司和客戶的世界隔出距離，最重要的是，我喜歡自己住在前衛社區而被賦予的身分。每當我下班開車回家，我就像是從人體模型變回我自己。

僅在一年內，我就被一間洛杉磯當地的雜誌社寫進幾次專訪特輯，吸引了一些部落格、時尚和男士網站的注意，我的經紀人也因此建議我可以去一趟紐約，見見東岸的一些公司像是運動畫刊（Sports Illustrated）和維多利亞的祕密（Victoria's Secret）。

「但我對紐約模特兒界來說不是太矮了嗎？」我問道。

同一位經紀人才在一年前左右跟我說我不可能走時尚圈：「你試著想成為根本不像你的樣子，這完全是徒勞無功，沒有用啊。」她當時就簡單地這麼說。

「這也不一定啦。」她現在這樣告訴我，試圖迴避我的眼神。當我的身材尺寸縮小，支票上的數字跟著變多，公司當然也注意到了。

我待在中城區的一間小飯店，飯店房間有粗糙米色地毯，還有一台小的即飲咖啡機，我每天早上參加徵選前都會使用。房間裡沒有合適的全身鏡，所以我會穿著高跟鞋爬到床上檢查自己全身的穿著搭配，才帶著我的作品集出門。儘管花費很高，我還是會搭計程車去徵選地點，因為讀著電子郵件裡的地址，我沒有自信能夠搭著紐約地鐵找到對的方向。但是我仍然很謹慎地確認自己到底花了多少錢，知道所有機票和住宿的費用都會在我下一期的薪資支票中被扣除。

走進維多利亞的祕密建築物寬廣的大廳時，我覺得自己好渺小。一位穿著清爽西裝和領帶的男人在銀色的長型櫃檯後方向我打招呼。

「來參加模特兒徵選嗎？」他問道，他的眼神看起來疲倦，面無表情。我點點頭，他有發現我是位模特兒，這讓我受到鼓舞。**或許我真的屬於這裡**，我想。

我走上樓，獨自在維多利亞的祕密銀色招牌下等待，身旁被知名模特兒們放大輸出的巨型黑白照片圍繞著。這些模特兒們，或者，用維多利亞的祕密給她們的稱呼——「天使們」，她們拱著背，食指舉在嘴巴前方，挑逗誘人地彷彿正叫我不要說話。一個從地板延伸至天花板的螢幕放映著長腿女人們昂首闊步在伸展台上的遊行，穿著閃亮的內衣和巨大色彩斑斕的翅膀。她們朝我走來，一個接一個，她們的髮絲隨著步伐跳動著，臉上掛著大大的笑容，眼神朝我的正上方看去。她們就像女神，而這棟巨大時髦的辦公大樓和這些螢幕是她們的神殿。她們也是模特兒，我知道，但她們表現得極為強大有力，而我從來沒有像他們這樣過。我想要成為她們的一員。我坐在那裡，整個人被迷倒了，直到一位女士從兩扇門中走出來迎接我才拉回了我的注意力。

「跟我來。」她指示著我，看了看我的厚底鞋，然後迅速看回我的臉。我保持在她身後幾步的距離，她領著我穿過一間奢華的開放式辦公室。當我們經過時，沒有任何一個人抬起頭來。她打開一扇門，接著走到一間滿是放著內衣和內褲衣櫃的房間，然後要我在角落脫掉我的衣服。

「鞋子也請脫掉。」她說，指著我的腳。我踮著腳朝著一面牆走去，她靜靜地測量我的身高，並用相機拍了幾張我的照片，她在紙上寫了筆記，然後跟我說了聲謝謝。在我匆忙走出門外時，她幾乎沒有看我一眼。

之後，我趕到上城區去跟另外一間公司見面。

「我們不喜歡短褲。」他們告訴我，檢視著我褲襪外的那件黑色牛仔短褲，

「你可以把它脫掉嗎？」

我點點頭，「當然。」我回答道，將我的刷破牛仔短褲從腿上褪下至我的厚底靴子上。

「這樣好多了。」一位帶有法國口音的年輕女生，一邊審視我的臀部一邊說：「現在我們總算可以看到你有多小隻了！我們有需要會再跟你聯繫的。」

隔天，我確保自己將短褲放在家，僅穿著黑色短上衣和褲襪，我站在床上用小鏡子檢查，確認褲襪不會太過透明。

當我到運動畫刊參加徵選時，兩位女性編輯翻閱著我厚重的塑膠頁面作品集檔案夾。他們的目光從我的照片看回到我身上，然後問我會不會笑。「我們運動畫刊這裡喜歡會笑的女孩子！」她們解釋著，然後砰地一聲蓋上我的檔案夾。

當我回到第七大道時，拿著我的蘋果手機（iPhone）蜷縮著，極度渴望趕快回到飯店房間，鑽入我不熟悉的被窩裡。我站在太陽下，享受著暫時不用被審查的空檔時間。這時一個男人朝我走來，盯著我的褲襠，沒有與我眼神交會，獨自喃喃自語：「我可以看到你的私密處。」我感受到火辣辣的羞辱，但拒絕讓自己哭出來。

經過這些年，我對於在模特兒工作經常遇到的失望和拒絕已經能夠免疫，這是必要的，而且能保護我自己。我不會讓自己因為拍攝或是為了某個潛在的工作機會太過興奮，我對於自己出現在廣告招牌或雜誌上無感，只要有錢入帳就好。我對於變得家喻戶曉或惡名昭彰不感興趣，只要有錢就好，或者至少我是這樣告訴自己的。而在紐約，我打破了自己訂下的規則——我讓自己想像擁有權力的滋味，超越金錢，想像其他女人透過成功而獲取的權力。我回到洛杉磯，用新的意志和決心面對這一切。好啦，我也沒有要當超級名模，我只要用我能有的選擇來賺越多錢越好，這樣就好。

大概就在那時候，我的經紀人收到一封關於一個音樂錄影帶的電子郵件，由我很欣賞的饒舌歌手T．I．和菲董為主角，還有一個我完全沒聽過的歌手羅賓．西克。寄給我經紀人的電子郵件附件夾帶著一份有拍攝細節的PDF檔案，裡面有滿滿的文字和圖片描述導演對這部影片的想法。那天早上我躺在床上，瀏覽著那份文件：鮮紅的文字拼著「#西克」，旁邊排放著幾張當代情色攝影大師泰瑞．李察遜（Terry Richardson）拍攝的照片，大紅唇的女孩們裸著上身，頭髮凌亂，穿插著一些加粗體標示的詞句如「**讓我們打破他媽的規則！**」在一個標題為「調性」的段落裡，條列著「**真正的超潮超屌，用新穎的方式來搞些很酷很屌的事，Vice雜誌的風格**」，還有「**裸女、情色、奶子、陰毛、紅唇**」。我大聲讀著標題為「女孩們」的段落裡的錯字給我當時在交往的男生聽：

「**她是那種最讚的女生，她有百分之百的自信，這完全不是『嚴』女主義**[1]**，而是要幫助女孩們，讓她們擁有這種不可置信的情慾視覺能量。**」

當我發現導演是女生時非常驚訝，我在電子郵件裡搜尋價碼。「哇，天**啊！**」我說道，那費用也沒有比我拍一整天服飾品牌Forever21線上商品的酬勞高。「他媽的管他的，大概又只是一個充滿裸女的爛音樂錄影帶。」我當天早上就叫經紀人回絕了那份工作。

但是黛安．瑪特兒（Diane Martel），那位導演，堅持要找我，還留了私人訊息給我：「可以讓我至少見見她，跟她討論這個作品嗎？」黛安曾執導過的音

1 編按：原文中「女孩們」段落裡厭女主義（Misogynist）的拼字錯誤（Masogynist）。

樂錄影帶名單，有碧昂絲、瑪麗亞・凱莉（Mariah Carey）和珍妮佛・羅培茲，的確讓人印象深刻。當我的經紀人說他覺得「費用還有討論空間」時，我才答應開車到西好萊塢，在聖塔莫尼卡大道上的攝影工作室前，努力將車子平行停進計時收費停車位裡。

當我穿著迷你裙洋裝和高跟鞋，抱著我的作品集（儘管她沒要求要看）走進工作室內時，黛安一直是坐著的。她告訴我，攝影指導將會是一位我近期一起工作過的年輕女生奧莉薇雅。當聽到她的名字時，我便軟化了。我喜歡她拍攝我的照片，那些照片既美麗又空靈。導演也告訴我，到時候拍攝地點一起工作的全部人都會是女生。「我認識奧莉薇雅一輩子了。」黛安說道：「她那麼有才華，又那麼年輕！你知道她如何拍得讓大家看起來都超美，才不淫蕩呢，而且這部作品幕後工作人員又都是女生。」她的腳在說話時有韻律地擺盪著。「我想讓這部作品很有趣，像是一種滑稽的模仿。我知道你是個演員，我想要你在裡面演戲。」她說道。

「好吧。」我說：「但費用還是必須提高才可以。」她點點頭。

開在十號高速公路返家的路上，我從經紀人那裡聽到費用增加了不少，而且還多出了超時工作的獎金。我掛掉電話，搖下車窗，感覺窗外其他車子經過時的熱氣。**管他的，反正這年頭誰還會看音樂錄影帶啊**，我想著。

影片拍攝地在洛杉磯銀湖區的一間大工作室裡，從我公寓開車過去大約只要十五分鐘車程。我空腹抵達拍攝地點，前一天晚上也確保自己不要吃太多，因為我知道隔天拍攝時需要裸體，就算沒有全裸也至少需要上空。我在攝影棚外燴餐桌那裡幫自己倒了黑咖啡，然後環視四處。黛安的確沒有騙我，我很高興所有的攝影工作人員真的都找了女生，包含攝影指導、造型師、道具設計師還有化妝師，全都是女生。

另外兩位模特兒也分別抵達拍攝現場，她們面對長型的鏡子坐在我旁邊的椅子上。其中一位嫵媚動人、聲音輕柔帶著法國口音的黑人女生自我介紹說她是潔西，另外一位金髮的女生叫艾麗，我在鏡中被她的美貌吸引。一位化妝師助理正在幫她塗上紅唇，她舉起手向我們打招呼。

「你感覺還自在嗎？」當我在試穿各種不同的白色內衣褲和透明塑膠上衣及

短褲時，服裝設計師問了我。她解釋這些裝扮是要用來拍刪減版本的影片，我們同時會拍攝未分級的全裸版本。我和她一見面就喜歡上她了，她漂過的頭髮剪成充滿靈氣的極短髮，穿著馬汀靴，是我會想跟她當朋友的那種女孩，但我先前在工作上幾乎沒遇過這樣的女生。在我們開始拍攝之前，黛安走進化妝間再次確認我的狀態。「你感覺還好嗎？」她問，我用手摸了摸穿著的白色內衣褲然後點點頭，感覺自己是這個拍攝團隊的一份子。

我是第一個拍攝的模特兒，艾麗和潔西還留在妝髮區。一位只比我大幾歲、穿著白色連身褲的女生跟我介紹她是道具經理。

她指向一張很長的桌子，上面擺滿了會用在影片裡的物品。「你想要先從哪個開始呢？」我挑了一個保麗龍做的巨型的手，上面還有鮮紅的指甲，她驕傲地把道具拿給我，那是她自己做的。

「你知道等一下會有農場小動物來嗎？」

我並不習慣這樣——跟一群大約我年紀上下、很酷又對自己工作充滿熱情的女生一起工作，我的心情豁然開朗，或許今天的拍攝會很好玩。

這首我從沒聽過的歌開始在巨大的錄音棚內迴盪。先是三個拍子咚咚咚地響起，接著一個聲音大喊道：「大家起來！」奧莉薇雅在鏡頭後方對我微笑。「你就盡情享受，想怎麼跳舞就怎麼跳！」在燈光閃耀、一片全白的舞台上空的黑暗裡，黛安用大聲公吼叫著。我荒謬地亂跳著舞，全然放鬆，就像我平常娛樂自己的女生朋友那樣。我很訝異自己竟然如此享受。黛安透過大聲公傳來一陣大笑。

稍晚羅賓．西克抵達，我當時穿著內衣褲正擺著四肢著地的姿勢，拱著的背上還擺著一輛紅色玩具車。他戴著太陽眼鏡，朝我和工作人員們揮手，當他走進化妝間時露出一抹微笑。

幾個小時過後，潔西和艾麗到舞台上加入我，菲董、羅賓和饒舌歌手T．I．也都在。我們幾乎沒有談話，只有黛安快速地向他們介紹我們，而歌手們朝我們點頭致意。他們才是有才華的那群，而我們比較像是道具。我沒有因此覺得厭煩，因為我只是去那邊工作而已。當小動物們出現在拍攝現場時，我抱了一隻小羊放在大腿上。我發現羅賓的注意力全在菲董和T．I．身上，當他頭朝後大笑時會露出他的牙齒，眼睛還是被深色的太陽眼鏡遮住。另外兩位歌手向羅賓禮貌地回了微笑，卻沒有像他那樣熱情洋溢。

在光線下，我們的塑膠上衣和短褲全因熱氣和我們身上的汗而起霧。當羅賓轉換著對嘴和真唱時，他的身體流露出一陣酒氣。那首歌持續在整個空間迴盪，相同的開頭，三個咚咚咚的節拍，彷彿重複了第一百萬次。黛安持續用大聲公喊著拍攝指示。我們脫掉身上的衣服，全身只剩下肉色丁字褲來拍攝未分級的版本。菲董和艾麗調情地朝對方笑著。我穿上滑稽的白色厚底高跟球鞋，在其他演員面前跳著舞。

「給這些女士們一杯酒吧！」羅賓朝著他的一位助理說道，幾分鐘後某個人就拿著半滿裝著冰塊和酒精飲料的紅色塑膠杯給我們。我淺嚐了幾口，但我從來沒有特別喜歡伏特加，而且當時我已經因為拍攝又累又熱，沒辦法再喝。

那首歌又再次響起：「嘿——嘿——嘿——！」

潔西朝我看過來，搖了搖頭。「太熱了吧。」她用嘴型示意，一隻手劃過她滑順的黑色頭髮。我繼續在舞台上四處扭動，試圖重新找回我一開始娛樂奧莉薇雅和黛安的那種快樂。當我看到那幾個和我們一起工作的有名男人的古怪動作，我翻了個白眼。

全世界在爆紅的最終剪輯版本中都看到我翻的白眼了。只不過幾個月的事，〈模糊界線〉就讓我獲得享譽全球的名氣。當我在家附近一邊過馬路一邊跟我媽講電話的時候，第一次被某個人攔住，他大喊道：「你是艾蜜莉嗎？」我困惑地看著那個男人，試圖看清他的臉，努力想要想起他到底是誰。「我愛〈模糊界線〉！」他驚喜地喊著，臉上露出大大的笑容，然後找我跟他一起自拍，我當時驚呆了。

網路上的人們辯論著那部影片究竟算不算厭女主義。在未分級版本裡，其他模特兒和我在挑著眉毛的男歌手面前扭動，幾近全裸。一位又一位記者爭相詢問我同樣的問題：「你會對那些將這部影片視為反女性主義的人們說些什麼？」

全世界的人聽到我的回答後都大為震驚，我回答說我並不覺得那部影片是反女性主義。在攝影棚時，我的身體和呈現裸體的狀態都讓我感到安心自在，我這樣誠實地告訴他們。我專注地想著大部分拍攝時我的感受，試圖記住我當時是被一群我信任且喜歡的女人圍繞著。

影片大紅之後我搬到紐約，和一間一年前才拒絕我的公司簽約。我為《運動畫刊》拍攝。我快樂地發現，成名讓我得到了兩個新的收入來源：出席公開活動，就是去參加活動或接受媒體採訪曝光產品，還有我Instagram上的贊助貼文，這兩個收入來源都比我在影片成名前當模特兒工作一整週賺的還要多。

儘管大部分的時間我迷失了自我。我開始厭倦談論那部音樂錄影帶，也討厭跟別人分享我對影片的想法。當羅賓．西克的名字被提起或是和我的名字寫在一起時，我就會感到格外刺痛。我很感激能夠擁有自己的事業，但我實在很憎恨每個關於我的介紹都要從提到〈模糊界線〉開始，它只是一部我為了賺點錢而同意拍攝的音樂錄影帶。我一直盡可能地將我的身分認同和自尊與我的工作分開，而現在這世界卻幫我貼上了性感尤物的標籤，我不知道該如何將這個詞彙和我的身分與自尊連結在一起。從高中時期開始，當模特兒對我而言就只是一份工作，但突然之間模特兒現在似乎完全代表了我這個人。我胡亂地揮舞著，然後繼續被動地被和我的工作牽扯在一起，我報名參與一些我完全沒興趣的電影，幫我覺得很瞎的品牌當模特兒。

我就這樣浮浮沉沉地過了接下來幾年。在密集的拍攝和旅行之間，我花了太多的時間在網路上、在床笫間，也和一些我根本不太喜歡的人出去喝酒。我知道就大部分的標準而言，我應該要快樂才是。大家認為所有積極的女演員和模特兒都渴望擁有的——因美貌和使人渴望出名，我都已經達成了。「你做到了！」那個幾年前曾評論我海軍外套的朋友在我的臉書牆上留言，提醒了我，世人是如何看待我所謂的「成功」。

但我並不僅僅是出名了而已，我是出了名地性感，就許多方面來看，這是件可喜可賀的事。我曾認為最讓人渴望、最吸引人的女人，顯然總是會成為當下那個地方最有權勢的人，就像當時在巨大螢幕上朝我走來的那些維多利亞的祕密的模特兒們。就很多方面而言，我的生活的確改變了。陌生人會熱情地朝我打招呼，我小時候曾喜歡的那些男明星向我示好。美麗的女人跟我說話，就像我是她們的一員。我登上各家雜誌封面，被邀請參加一些我從未幻想過能夠參加的盛大派對。忘了泰式料理跟那個連鎖服飾品牌的棉被吧！一箱又一箱免費的設計師品牌服飾無止境地被送來給我。當我出現在紐約或洛杉磯的熱門餐廳，無論什麼時候，只要我想要，就會有我的位子。我也從未幻想過自己可以賺到這麼多錢：我付了一間公寓的頭期款，新公寓就在我現在藝術區的家幾個街區外，這次這戶公寓有一扇巨大的窗戶、充足的光線，屋頂還有游泳池。我甚至還能給我爸媽一些現金。

然而，我卻感覺自己不斷旋轉且失去控制。這樣的生活並不是我所選擇的，我不確定自己應該怎麼活下去，也不確定這意味著我將變成怎麼樣的人。我討厭去試鏡，尤其是那些電視節目和電影的試鏡，我總得在一些我確信他們非常藐視我的男人面前讀台詞給他們聽。「他們早就覺得我爛透了。」我這麼告訴自己。「我對他們而言，不過就是個洛杉磯來的爛貨，我沒有才華，我甚至沒那麼漂亮。」我幾乎不為這些試鏡排練，我只會在去之前讀個一兩次劇本，然後在試鏡時被自我厭惡震懾住。我真的想要成為演員嗎？我甚至不記得是從什麼時候，或者我又是如何開始覺得當演員是我應該要追求或精通的事。我總會想像自己是有想法並能夠做決定的人。我會在某次試鏡讀完劇本後，坐在我的車子裡，覺得自己一點價值也沒有，然後想著我寧可成為那些坐在試鏡室裡的其中一個男人，決定我要雇用誰來演出我的作品。

一直到幾年後，當我半分心地用拇指在螢幕上快速滑動，瀏覽Instagram時，一張羅賓．西克和比他年輕很多歲的女朋友的合照出現在我的社群頁面上。我認出那個女人的臉和她修長又纖細的身體，發現我和她幾年前曾在洛杉磯見過，那時我們都還在當模特兒，在阿罕布拉和維農的破爛倉庫裡幫電商拍攝泳裝和內衣服飾。《娛樂電視新聞》（*E! News*）宣布她才剛生下一名寶寶。我看著那女人的照片，細看她大大的笑容就綻放在她伴侶臃腫柔軟的下巴旁。「寶寶的爸爸，我愛你！」一行標題寫著。

我點擊西克的帳號，訝異地看到我的螢幕只有一片空白。「找不到這名用戶」和「尚未有貼文」呈現在他的名字旁邊。我被封鎖了。我苦苦思索到底為什麼會被封鎖，是我對媒體說了什麼可能冒犯到他的話嗎？然後我想起了一件在拍攝〈模糊界線〉時發生的、我從未告訴任何人的事，直到那一刻，在事發將近五年之後，我才想起那件我自己也一直不願意承認的事——他曾經對我做了他不該做的事。

拍攝那天到比較晚的時候，西克回到現場來跟我單獨拍攝時已經有點喝醉了。我可以看得出來他的情緒跟先前有些不一樣，他不再像之前那樣享受拍攝。他不喜歡這群他雇用來拍攝他的音樂錄影帶的人們的注意力不在他身上。

然後到了只有我和他拍攝的時刻，我們單獨在蒼涼的錄音棚內，他身穿一席黑色西裝，而我除了白色球鞋和肉色丁字褲外什麼也沒穿。一樣的開頭三個節拍，黛安一樣從大聲公傳來大喊，一樣的滴汗，一樣的歌詞：「大家起來！」

我又再次盡可能荒謬地跳著舞，黛安興奮地叫道：「你真他媽的有趣！再做一次那個表情！」羅賓戴上他的太陽眼鏡然後再次唱著歌，他隱約的不爽變得更加明顯。

突然間，不知從哪來的，我感覺到一股冰涼及異物感，一雙陌生人的手從後面托著我赤裸的胸部。我直覺地移開身體，往後看向羅賓．西克。他蹣跚地後退，臉上露出傻傻地微笑，雙眼被他的太陽眼鏡遮住。我頭一扭往攝影棚外的黑暗看去。黛安破音地朝我喊著：「你還好嗎？」

我點點頭，可能甚至還掛著微笑，感到羞愧，只想盡可能將傷害減少到最小地化解這個突發狀況。我試圖擺脫震驚的情緒，走離攝影現場和溫暖的光線，用我的雙臂交叉擋住我袒露的胸部。那是我當天第一次感覺到自己是赤裸的。音樂停了下來，我在攝影螢幕旁站了一會兒，然後目光掃過這群新朋友們。沒有人，我們之中沒有任何一個人，說出任何話。

最後黛安終於說話了：「好的，呃，不要觸摸。」她沒有特別指出哪個人，她的大聲公現在正懸掛在她的臀部上。我將我的下巴往前推，聳聳肩，避免任何眼神交會，感覺一陣又一陣羞辱的熱感從我身體裡湧出。

我沒有做出反應，不算有，沒有做出我應該要做的反應。而其他女人，也沒有一個人做出任何回應。無論我們有多少人在現場，無論我是如何因為她們的存在感到安心，我們都沒有立場能在羅賓．西克的音樂錄影帶拍攝現場追究他的責任，畢竟，我們都只是為他工作的人。我們尷尬地暫停，然後又繼續拍攝。

這幾年記者在問我關於那部影片的事情時，我都不允許自己回想羅賓．西克放在我胸部上的那雙手，也不去回想裸體站在黛安面前時感受到的羞恥。我帶有防備——我想要保護那個她試圖在拍攝現場營造出來的環境，保護其他那些好像能夠成為我朋友的年輕女生們。同時，儘管是我自己裸體跳舞，我也因為曾在其中感受到的樂趣而倍感羞愧。我當時覺得自己是多麼強大，覺得一切都在掌控之中。我想著：**如果**我當時對著羅賓．西克的臉大罵，然後把事情鬧大會怎樣？會暫停整個拍攝嗎？或許我這個重大的事業突破也就不會發生了。

在我二十幾歲初時，我從來沒有想過，當女人因美貌在男人的欲望下獲得權力時，在一開始就已經被那些賦予她們權力的男人虧負了。有控制權的是那些男人，而不是那些世人奉承討好的女人。要面對這樣的真相、這樣運行中的互動關係，就等同於要我承認自己所擁有的權力是多麼有限——當女人透過成為被注視的物件在這世上存活下來，或甚至闖出一番成就時，她所擁有的權力是那麼有限。

只用了那一個動作，羅賓．西克就提醒了所有在拍攝現場的女生，我們女人並不是真正掌控一切的人。當我是那個在他音樂錄影帶裡裸體跳舞的女生時，我並沒有任何真正的力量，我只不過是個被雇用的人體模型罷了。

我的兒子，我的太陽

My Son, Sun

在我十四歲那年，歐文第一次強迫我跟他發生關係。我們當時躺在他母親公寓裡粗糙的地毯上。那時是清晨，我當時很累，累得幾乎無法張開眼睛。我想要喝點水，但那裡沒有任何水。我記得他的緊身牛仔褲如何因為勃起而變得更緊，也記得他用骯髒的鞋帶當作腰間的皮帶。我跟我爸媽說我要去一個朋友家過夜，如此一來我才能整晚都待在外面，到處參加各個私人派對。歐文當時十六歲，他說我應該要這麼做。他將自己定位成我在這所新學校和這個新世界的指引，而我也相信自己透過他就能認識新的朋友。直到後來我才發現，他自己根本就沒什麼朋友，反而因為我是個火辣的一年級學妹，這才讓他開始得到各個私人派對的邀請。

我記得他布滿雀斑的肌膚、蒼白的腹部，也記得他壓在我身上的時候怎麼開始流鼻血的。「這是因為吃A酸啦。」他說，鼻血滴在我的鎖骨上。他的血鮮紅地像是假的，好像從一罐番茄醬裡擠出來的一樣。那血的質地很濃稠，如糖漿一般。他並沒有因此覺得尷尬，我記得那鮮紅的血色是如何襯著他明亮的藍色眼睛，我記得當他將雙手舉至鼻子時，他長長金黃色的睫毛，優雅地、慢動作地眨呀眨。

起初歐文要到我的電話號碼並傳簡訊給我，要我跟他一起度過週末時，我說謊騙了他。

「我媽的親戚剛好要來城裡，所以我要花時間陪他們一起過週末耶，抱歉啦！」我重新默念確認那段文字後，才按下傳送。**真是個完美又合理的藉口**。我這麼想著，關掉手機螢幕，暗自希望他別再來煩我。

「哈哈。」他馬上就回覆了：「誰還會整個週末都跟家人親戚一起過啊？我們可以等你搞定他們之後再一起出去。週六有個很酷的派對，我們可以一起去，我會開車。」我覺得好尷尬，我怎麼會像個小孩一樣幼稚，以為跟親戚出遊會是個能不去派對的合理藉口？我現在可是升高中了，我必須像個高中生才行，反正我週末也不想跟我爸媽待在一起。

「好吧。」我回覆，我不知道該如何拒絕。

跟歐文在一起的時候，我從來不覺得自己安全，當我跟他在一起的時候，我都好想回家。但我猜當時回家感覺好像也不太正確。這些事，還有他，才像是真實的世界。這就是高中生活，這就是長大，儘管我覺得害怕又失控，但大家都說長大就是這樣。我想要能應付自如，我想要證明自己已經準備好掌控這一切。

有天晚上，歐文開車載我到一個無人的停車場，然後開始親吻我。我當時想著，他都已經帶我去參加幾場派對了，我好像必須回吻他，於是我任由他將手伸到我褲子裡游移撫摸。我多希望當時有個人能跟我解釋，告訴我其實我什麼也沒有欠他，我多希望有人能教我一開始就不要坐上他的紅色卡車。我多希望當警察下車查看的那個時候，我能告訴他們，看到他們出現讓部分的我終於能夠放鬆下來。我多希望警察不是跟我說我誤入歧途，不是說我最後可能會開始用藥吸毒，不是說我是個壞女孩，我多希望他們告訴我的是：「我們很擔心你，你還只是個孩子。我們帶你回家吧！這不是你的錯。」

幾年後，當我哭到上氣不接下氣地向媽媽坦承自己已經不是處女時，我多希望她能夠抱抱我，而不是失望地看著我。我沒有跟她說發生的細節，沒有告訴她關於歐文、那張地毯和鮮血的事，我只說我已經有過性行為。我們當時坐在她的車裡，就靠邊停在我阿姨家的幾個街區之外。我坐在乘客座椅上，還不到可以開車的年紀，貼著我背部的座椅材質變得很熱。「我們是有在想，但我們一直確信艾蜜莉不會這樣。」她說，她的眼睛直盯著擋風玻璃。我可以看得出來她已經在想該如何告訴我爸這個消息。我整個人縮了起來。「快遲到了，我們要去見我的家人們。」她嘆了口氣說道，她的舌頭一直頂在上顎，並開始倒車上路。

我深呼吸了幾次，然後慢慢地平靜下來。我舔到了自己的鼻涕，咬著上唇。我感覺自己被掏空了，身體裡面好像空蕩蕩的，我的身體變得很輕又易碎，就好像注定會破碎的殼。當門鈴響起，大門搖晃地打開，我穿過阿姨家的前門。我和整個大家族的親戚打招呼，當我擁抱我舅舅時，感覺他冰涼的肌膚貼在我的臉頰。我知道親戚們要是知道這件事了，對我甚至會比我媽知道後還要來的不滿。我為她難過，對於向她坦承我自己這麼羞恥的事情，害她現在得要隱瞞大家，我覺得很抱歉。我多想捲起身體躺著一覺不醒，但我只是坐在我阿姨院子裡的陰涼處，假裝微笑著。

歐文曾不請自來到我爸媽家一次。我記得他當時看起來多麼熱情，又多麼邋遢，我打開大門，他走進客廳，帶著一股戲劇化的氛圍，肌膚泛紅，眼神呆滯。

「我剛剛跟我爸大吵一架。」他喘著氣，臉上表情扭曲地說。

我們坐在後院露台木頭板凳時，我覺得很怪。歐文把他的頭枕在我的大腿上，濃稠的淚水從他鼻子嘩啦啦地流下。我看著他側面的輪廓、他深邃的五官和臉上紅色的痘疤，他的一切都顯得既新鮮又原始，就像一道剛被剖開的傷口。他的眼皮實際上幾乎是透明的。被他頭的重量壓著，我不舒服地動了動，不確定自己的雙手應該擺在哪裡。

我可以感覺到我媽正隔著她臥室的窗戶玻璃注視著我們。整間屋子都很安靜，我爸媽都待在屋內，他們不在我的視線範圍內。好像每個人都知道這時的我應該要扮演什麼角色。我深吸了一口氣，從記憶中尋找那個畫面，我想著當一個女人在安慰男人時，她會怎麼做。我可能有在電影裡見過這樣的時刻？我也不太確定。我媽曾跟我說過，她高中時期的男朋友吉姆來自一個不美滿的家庭，因此常常會去睡在我媽家的沙發。當吉姆去我媽家時，她會做什麼呢？我試圖在腦中呈現那個版本的我媽的畫面，她對吉姆的愛。我將糾結的困惑擺在一旁，然後緩緩地，非常慢地，撫摸著歐文捲曲的頭髮。

「沒事的。」我試探性地說著：「我很抱歉發生了這種事，歐文。」我用更多的自信輕聲說道，我的大腿感覺到他熾熱的臉頰散發的溫暖。做了我好像該做的事的確感覺滿好的，但我安慰他這件事似乎又有哪裡不太對。我在扮演著充滿愛意又擔憂的女朋友，但我根本就不想要這個角色。

當歐文離開時，我媽跟我說：「我永遠不會忘記你看起來的樣子，他的大頭就躺在你的腿上。」她彷彿目睹了什麼戲劇性的事件。「可憐的歐文啊。」她補充說道。

當我開始跟薩迪還有其他受歡迎的女孩一起玩的時候，只要歐文靠近我們，她們就會對他嗤之以鼻。「他有點噁欸，艾蜜莉。」她們會這麼說。我不喜歡她們看他的樣子，但能有人告訴我說我不該跟他在一起，這感覺倒是挺好。她們對於他的不滿讓我像是得到了能夠躲避他的許可。我開始更有信心能忽略他的簡訊，也越來越不害怕拋棄他。

當我終於和歐文分手後，或者說，當我逃離他後，我充滿罪惡感。我完全沒有食欲。知道歐文有可能跑到我爸媽的房子這裡，或是如他曾威脅過的可能會傷害他自己來埋怨我，我就都無法入睡。我的手機直到深夜都還因為一封又一封的訊息不斷震動。他完全不願意放棄，他會坐在他爸的藍色福斯金龜車裡，車子就停在我們家客廳窗戶外看得到的地方。那抹藍色在街道落葉上不自然地格外明顯，和他那雙既混濁又明亮眼睛是一樣的藍色。

當我十五歲的時候，歐文終於不再將車停在對街之外。有一晚，我計劃和一群不算是我真正朋友的女生們出去喝酒。我和她們在校外幾乎沒有花時間玩在一起，她們比我更酷，至少感覺起來像那樣。她們都住在住宅區那種有衣帽間的大房子裡，父母感覺永遠都不在家。我們在其中一間大房子裡為夜晚做準備，在粉紅色、有著全身鏡的房間裡，看著自己和其他人換裝打扮。有位女孩用蠟筆在我們手臂上計算我們每個人喝光幾杯伏特加純酒。我記得自己被一堆衣服絆倒，然後往下看著我手臂上從手肘一直畫到手腕的黑線。

接著我只知道我們在一個黑暗的停車場，一輛聞起來有皮革味道的車子旁。一間超市的招牌在遠處閃爍著。我胡言亂語，覺得胃很緊繃，然後嘔吐不止。我無法支撐自己，那群女孩幫我把頭髮往後拉時互相交換了眼神，她們覺得我很煩。某個開車載我們的男生一定打給了歐文，因為他的卡車突然出現在那裡，他將我從柏油路上拉了起來，把我拖走。我已經有好幾個月都沒有跟他說過話，我捏了其中一個女生的手臂，試圖擠出字句告訴她歐文很危險，但她早就轉過身去。他來到這裡把我領走，而他們都覺得我是他的人。

我醒過來的時候歐文就壓在我身上，我在一間藍色房間的小床上。我試圖用雙臂推開他的胸膛，想迫使他從我身上離開，但我太虛弱又太醉了。我眼前閃爍著詭異的白色形體和藍色的光。我的嘴像是棉花一般，而我可以嚐到他肌膚的味道。我希望這一切可以結束，但我不知道該怎麼做，於是我緊閉我的眼睛，然後發出微弱的聲音，發出一些我以為女人在做愛時應該要發出的聲音。

為何十五歲的我不撕心裂肺地大叫？為什麼我反而要輕柔地嗚咽和呻吟？是誰教我不要尖叫吶喊的？

我恨我自己。

隔天早上，我穿著不是我自己的衣服走在我爸媽家的車道上，然後隨口咕噥地講了兩三個字說我很累。我泡了個澡，把水開到最熱，卻還是不停地發抖。我躺在浴缸裡好一陣子，看著我的皮膚因為熱氣漸漸泛紅。我幾乎不能動，感覺自己的四肢驚人地沉重，我全身都好痛。那天外頭天氣很好，光線明亮，浴室的燈泛著黃色的光，牆壁感覺變得很高，而我覺得自己好渺小。我手臂上金色的毛髮在褪去的黑色蠟筆線上豎了起來。

那晚我沉沉地睡去，當我醒來後，我發現自己煥然一新，變成了另一個版本的我。我小心翼翼地著裝，吃了白吐司，然後在我爸開車載我上學時安靜地坐在他旁邊。我繫著安全帶，看向窗外，雙手優雅地擺在腿上。我沒有告訴任何人那個週末我和歐文發生了什麼事，你就是得這麼做，這就是忘記一切的開端。

感覺那是上輩子的事了，但其實才過了一年，歐文又再次傳訊息給我。他已經不在我的學校了，而我也交了新的男友和一群不同的朋友。他打了長長的段落，一段段瘋狂的訊息咻咻地傳送到我的手機。他跟我說，他這段時間因為吸食海洛因一直進出戒斷所，已經瘦了九公斤。有個別的高中的女生控告他，因為他在派對上強暴她。「這陣子情況變得很糟。」他說：「我不應該活著。」我沒有回覆他。我很害怕要是我回覆了，他又會不知怎麼地把我拖回他的人生中。

有人讓我得知了那個強暴官司的細節：那個女生在一個私人派對上喝得非常醉，她最後待在浴室裡，遠離派對的其他人，幾乎快要失去意識，歐文這時進到浴室內趁人之危。那個女生和她的家人因此提起告訴。

我一聽到這件事便無法控制地去想那個歐文傷害了的女孩。我想像著她的家，我想像她的父親，我想像她的頭髮和她的房間。我可以看到她有自信地說：「我並不想要那樣。」不帶羞愧，也不自責。為什麼我沒有學會那樣的技巧？我渴望能變得更像她一些。我想要自己有辦法說出：「我沒有想要他。」我想要能夠對我自己說，對我的朋友們說，對他媽的全世界說。

我跟我媽說了那個女生的事、那女生說歐文對她做了什麼，還有關於她父母親的事。「呃……」她隨後回應著，看起來不太開心，好像我提起了什麼不禮貌或不合宜的事。我可以看得出來她不知道該做何回應，我感覺自己好像比她還要粗暴和強硬。我住在「西部蠻荒地區」，這個地方每天都有很多糟糕、難以啟齒的事發生，而我媽是個優雅的小姐，感覺好像我理應要保護她遠離那些各種駭人的事。我不讓自己因為她沒多說什麼而感到失望。這樣反而比較好，她無法提供任何的見解或安慰比較好。只要我從她那裡需要的越少，我就越少有因為她而感到失望的機會。

我最後還是將歐文的事情告訴一位女生朋友。我們當時嗑藥後正飄飄欲仙，我躺在她柔軟的床墊上，凝視著她纏繞在她床架上的一條吊燈燈串。我告訴她關於他的事、他的紅色卡車和我手臂上一條條黑色的線。我朋友交叉著腿坐在她床的邊緣。她有穿唇環，而我記得我看到她一邊咬著那個唇環，一邊盯著我，聽我述說。「艾蜜莉，那聽起來像是強暴。」我的頭啪地迅速轉向她。

「什麼？不是啦。」我快速地說道。我眨了眨眼睛，然後又轉回去面向天花板，感覺一陣暈眩。我知道她說的是對的。

＊＊＊

我十九歲時，在一個中西部的機場裡，我剛迅速拍攝完商品型錄照片，正在等待轉乘航班要回到加州。那時我得知歐文永遠地離開了。當時我已經很習慣自己一個人搭飛機，也習慣獨自在各個機場裡尋找方向，我已經習慣坐在冰涼的地墊上、在不舒適的椅子上睡著和在人群之中移動。我雙腿交叉地坐著，用位置低到接近地面的充電插座充著手機，一邊用我的蘋果手機滑著臉書，這時我才看到那則消息。一個高中時期比較年長的男生寫了歐文的名字與「逝者安息」。我當下的第一個想法是他拼錯了歐文的姓氏。**他要是看到了，會很難過吧**，我想，**但他們當然會拼錯歐文的名字，他從來就沒有任何真正的朋友**。我的胸口一緊。

「發生了什麼事？這是真的嗎？」我傳訊息給一些以前認識的人，想看看他們有沒有任何消息，但某些部分的我其實早就知道答案了。

直到我擠進中間的機位，然後班機準備要起飛時，我才終於收到了回覆。

「是真的，他真的過世了。」當我讀著那些文字，機艙內的壓力把我往座位深處擠去。飛機升上天空，我開始耳鳴。

他真的走了——他的肉體、他的眼睛，他的脈搏不再跳動，沒有了血液也沒有了生命。他不會再到處出現，我永遠不用再見到他了。

「你還好嗎？」一位坐在我旁邊走道座位的女生悄悄地詢問我，飛機引擎聲幾乎要淹沒了她的聲音。

「抱歉。」我說：「我只是剛發現第一個男的……我的第一個男朋友……他死了。」我感覺自己的舌頭好像腫起來一般，她皺緊眉頭。

「我很抱歉。」她聽起來很真誠，真誠到讓我思考了片刻，想著她是否也曾體會過這種感覺，這種因為某個曾經傷害過她的人死了，混合著失去與釋放的情緒。我思考著該如何說明這種情緒，該如何對她說明，該如何對任何人說明。我拉下位子前方的餐桌，把我的臉埋進我的雙手中。

歐文因為服用過量海洛因致死，在他二十一歲的時候獨自死去。他的屍體被鎖在他承租的旅店客房裡，在其他人發現他在那裡之前被鎖在房裡三天。警察當時得破門而入。

我獨自去參加了喪禮，選擇站在人群的最後方。我們當時在海邊的懸崖上，天空是一片無垠的藍色。我瞇著眼睛看歐文的父親說話。他說當警方從旅店將歐文的屍體帶出來時，他哭泣著。他美麗的寶貝男孩已經死了。當加州的太陽照在歐文蒼白、沒有生命的身體上時，他說：「我的兒子呀！感受一下這個陽光。」「我的兒子呀，我的太陽，我的兒子呀！」他哭嚎著。

＊＊＊

就在我告訴歐文，我再也不想見到他的幾週後，他載著我到城外車程約四十五分鐘的一所大學，用他做工賺來的皺巴巴又骯髒的鈔票付油錢。「就讓我帶你去這場演唱會嘛。」他傳訊息給我。他幾個月前就買好了票，而我也還是想去那個演唱會。我想要向自己證明，我有掌控能力，不會輕易就受到他的操控。

「可以，但我們只是用朋友的身分一起去。」我澄清道。

「就是朋友而已。」他同意地說。

我確保自己穿了他從沒見過的新衣服，也選了一雙我在二手商店買的白色靴子，它讓我看起來比較成熟有自信。當他來接我時，我裝作冷漠且不為所動。這就是成熟女人們會做的那種事：跟一些她們曾經很親密、卻已經沒有在一起的男人們一起出去玩。

當我們在看演唱會時，他站在我後方，但沒有觸碰到我。燈光漸暗，樂團開始唱一首安靜的慢節奏情歌：

我的愛人呀，總有一天你會死去……
當你的靈魂要踏上旅程的時候，
如果你身旁沒有其他人，那麼我會跟隨你走入黑暗。

坐在飛機上，我想起歐文站在我後方的那段回憶，眼淚滾滾地從我臉上流下。我哭了，但不是因為我再也見不到他。我哭，是因為我不敢相信自己是那種會跟他去演唱會的人，是因為我是那種不情願把童貞獻給他的人。我哭，是因為我不像那個女生能指控他強暴，我甚至一直無法說出：「我被侵犯了。」我哭，是因為當我拋棄歐文時，我竟然感到愧疚。我哭，是因為我沒有辦法早點離開他。我哭，是因為我當時確信自己不值得被保障安全。我哭，是因為我失去了不同的人生，一個有豐富經驗而且被我自己選擇的人圍繞著的人生。我哭，是因為我不覺得我是拯救我自己生命的英雄。我哭，是因為我感到羞愧，我竟是如此沒有控制能力。

「拜託，永遠不要來找我。」在飛機聲響中，我埋在雙手手掌底下輕聲說道：「我不想和你一起走入黑暗。」

然後，我堅決地說：「歐文，不要。」

〈中你的毒〉

Toxic

二〇〇七年二月十六日，當時我十六歲，小甜甜布蘭妮（Britney Spears）幫自己剃頭的照片在網路上瘋傳。那時我每天放學後都去抽大麻，固定且沒戴套地和一個比我年長而且一次也沒讓我高潮過的男友做愛。我那時也在當模特兒，每個月會有幾次自己從聖地牙哥開車北上到洛杉磯，為了拍攝工作不去上課。也正好在那一年，我幫一家衝浪雜誌擺拍，成為他們雜誌的「本月可口甜心」。相片裡的我皮膚黝黑、上身什麼也沒穿，只穿著一條黑色比基尼泳褲，背對鏡頭，光著的背呈現出S的形狀。我靦腆地朝著我的肩膀看去，嘴巴微張，眼神流露出些許驚訝。我當時仍只是個高三學生。

沒有人會錯過那張布蘭妮的照片，她朝鏡子前傾，睜大眼睛，眼睛塗了睫毛膏，手裡小心翼翼地拿著理髮器，專注地理著她自己的頭髮。她在相片裡微笑著，興高采烈地就像她剛聽到一個好笑笑話那樣正享受著。她的頭頂仍有幾撮棕色長髮留在上面，彷彿提醒著布蘭妮曾經長那樣。

也在同一年，我幫助薩迪，一個我在學校認識的女孩，跟我的模特兒經紀公司簽約。她的身材比我的更像時尚模特兒，身高一百七十五公分，體重不超過五十公斤；而我當時被認為又矮又圓（我的經紀人在幫我量測身材尺寸的時候都跟我說我是個「游泳女孩」）。薩迪這輩子一直聽到別人跟她說她擁有適合時尚產業的體型，即使當時她還只是個孩子，喜歡衝浪並夢想要當運動員。她擁有亞馬遜人般的長腿，生來就適合踢和跑步，那雙腿彷彿是為了戰鬥而準備。她將她烏黑的頭髮分到一邊，用一個簡單的髮夾固定住，並將頭髮束成精簡的馬尾落在她的頸後。顴骨占了她的側臉極大部分，有著寬大的塌鼻子和如枕頭般飽滿柔軟的紅唇。她的天鵝頸看起來像能輕易地纏成一圈，或是前彎就會碰到地面，就像個彈簧妙妙圈（Slinky）。

就算她穿著白色蕾絲娃娃洋裝，戴著精緻的垂吊式耳環，薩迪看起來還是很危險，像是她生來就帶有她仍無法掌握的強大武器般。

薩迪住在離我們高中約十分鐘路程的地方，一〇一號公路旁一個封閉式的社區裡。她的朋友幾乎都是男生，尤其是那群很酷、年紀比較大的男生。那群男生稱自己為惡棍幫（Scab Crew），並把這稱號的縮寫S和C字母畫在他們的滑板上。薩迪在午餐時間會跟那群男生一起抽大麻抽到精神渙散。從第三節西班牙文課的教室窗戶望出去，我看見她大搖大擺遲到走進校園，打開我們教室厚重的大門，不在意地說著：「抱歉。」然後蹣跚地走到教室後方的塑膠椅坐下。我們倆的視線交會，她一邊朝我微笑，一邊將一個巨大的墨西哥捲餅鋁箔紙拆開，接著大聲吃著捲餅，鞏固她壞女孩的名聲。

我爸是我們高中的繪畫老師。這所學院是這區的公立替代教育學校，不像一般學校採學期制，而是學季制，並且提供一些特別的課程，像是直排輪體育課。我們學校有衝浪校隊，沒有足球隊。每個天未亮的週六清晨，那些受歡迎的高年級女孩便會早起開車到各個海灘去看衝浪隊比賽。她們會赤腳站在沙子裡，比基尼外穿著拉鍊式的連帽衫，將手高舉揮舞，在岸邊尖叫喊著那些男孩的綽號。

我從原本的國中被轉到這所學院，除了我爸和一些他的教師同事以外，誰也不認識。我爸每天穿著夾腳拖，在每堂課結束前都不會登記出席人數。能夠在午休過後上他的課是大家的「夢想」，你想要多晚就多晚回到教室，還可以抽完大麻再來。所有人都確信我爸上課規定會那麼寬鬆是因為他以前也曾是個嬉皮份子，還抽過大麻，但我知道那不是真的，他只是單純喜歡享有「很鬆的老師」這樣的名聲。那些在衝浪隊可愛的男生很喜歡我爸，他們稱他為瑞特。「瑞特是個傳奇人物欸。」他們會這樣說，眼睛紅紅的，皮膚因為過盛的陽光而曬出雀斑。

在我轉學進來的前一年，我爸告訴衝浪隊裡幾位男孩，他女兒秋季就要來學校了。「你們幫我注意一下她啊！」他說。

高中一年級的第一天，我在集中型內衣外穿了一件紅色背心洋裝，和我爸一起坐在他的豐田小貨車到學校去。我們學校沒有服裝儀容規定，所以我當時很興奮可以想穿什麼就穿什麼。那是一種全新的體驗，一種令人振奮成年人的自由。我往課堂教室走去，當一群高年級男生從我身旁經過時，我保持抬頭挺胸，他們用我聽得到的聲音大聲喊道：「喂——那是瑞特的女兒！」「兄弟，她很辣欸。」我將我的三孔資料夾抱在胸口。

不久後，消息便傳開了：「瑞特的女兒是個模特兒。」不僅僅是因為我的外表讓男孩們注意到我，我的身分也吸引著他們——身為模特兒，被外面的世界認證為誘人的女孩。我被那些年長男孩的關注嚇到，但同時也感到開心：我的外貌讓我在新的學校被注意到了，我很感激至少我沒有被忽視變成隱形人。

薩迪時常和那些男孩在一起，她手機裡用他們的暱稱存著他們每個人的電話號碼。她知道他們上什麼課、他們週末的計畫、他們住在哪裡、他們覺得哪些女生很辣，她也記得那些女生的名字，哪些一年級女生有著大胸部、哪些二年級女生有迷人的眼睛。她會記得跟那些女生打招呼，當她在走廊看到她們時，會讚美她們的穿著打扮，這也是為何我和她會開始花時間膩在一起。

短短幾個月內，男孩們就開始邀請我到校外吃午餐。我會有些尷尬地答應，跟他們約在停車場碰面，然後眼神掃視著人群找尋那個熟悉的黑色馬尾。我們通常會花個三十分鐘聊聊我爸。「你有跟他一起抽過菸嗎？」他們問道，然後從駕駛座那裡偷看我。（當然沒有。）那些漂亮、受歡迎的女孩們會記下誰受到男孩們的關注，然後懷疑且有興趣地看著我爬進男孩們一輛輛日產汽車和豐田汽車裡。有些女孩會選擇對我很壞或完全忽視我，但薩迪決定跟我變得更親近。

週末時，她會載著一車的男孩到他們的滑板場，她的男友麥可總是坐在前座。一個兇狠地急速迴轉後，她的車子急剎發出尖響，停在我身旁。她把頭盡可能伸出窗外，雙手放在方向盤上，長長的手臂往前延伸。

「艾蜜莉！快進來！」她大喊。我爬進擁擠的後座，在某個男生的大腿上保持平衡，當她急踩油門行駛出去時，我小心地閃躲避免自己的頭撞到車頂。

薩迪在當模特兒之前，在海灘旁的一個三明治店當櫃檯店員，我對於她身上總是有現金感到印象深刻。「這是我的小費。」她說，然後抽出一疊厚厚的現金鈔票支付油錢、捲餅、一罐又一罐大瓶的酒（不擇手段買來的，靠我們的假身分證或年紀比較大的朋友）、衝動的購物之行等，能買任何她想要的東西。她只比我大一歲，但我卻覺得她好像大人，而我只是個小朋友。

薩迪在私人派對上喝醉時，她會站在街上她停車的前方，和惡棍幫其中一個男孩嬉笑地打鬧，通常會是跟隨便一個喝得最醉的男生。她會狂放地大笑，然後突然熟練地伸腳一踹，高高地一踢，她的雙手緊握拳頭貼近她的胸膛。她比大部分的男孩都高。到了某個程度之後，他們就會告訴她，他們已經受夠了。

「欸拜託真的，冷靜下來喔，薩迪！」

然而，他們之中某些人喜歡利用這個機會傷害她。這個狀況發生的時候，我通常會移動到幾步之外，緊張地假裝自己在用手機傳訊息。但是當其中一個男生開始認真跟她打架的時候，薩迪好像特別享受，他會抓住她的手腕，然後盡可能用力推她。她想要挑戰，她似乎想要感受他們試圖傷害她的感覺。

那個男生最後都會贏，然後薩迪會讓自己倒在地上，崩潰，雙腿張開。我記得當時她在哭，躺在水泥地上嚎啕大哭。每當我跪下來安慰她時，她就會突然間起身，推開我，皺著眉然後去追其中一個男生，從來沒有朝我這瞥過一眼。

當我們一起去派對時，我知道從外在看起來我們是朋友是件很合理的事。但是當我們單獨在一起，沒有任何人在那裡看著我們的時候，我並不確定薩迪想從我這裡得到什麼。她好像在任何情況下都知道如何應對，她知道如何和那些對的人一起相處，也藐視那些對她沒有用處的人，任何場合她都能穿對的鞋子，能在聽到笑話後哈哈大笑，聽得懂那些大家都懂只有我不懂的笑話。她也是偷東西的高手，她曾成功地從我們共用的百貨公司試衣間偷走她的舞會洋裝，而我卻善盡義務地乖乖走到櫃檯為我的洋裝結帳。我可以給她什麼？她除了偶爾喝醉後會情緒發作，而且那些大部分的失控也只像是在試圖尋求關注，她看起來堅若磐石。

她比我更清楚了解這個世界。她可能一生下來就是十七歲、長腿，對一切漠不關心，開著車在城裡轉彎急駛，車內滿載著惡棍幫的人。她天生就能悠遊自得地應付男孩的世界，而我只希望自己能向她學習。

* * *

「布蘭妮簡直他媽的瘋了。」薩迪在我們電腦課上到一半時輕聲說道，從她螢幕上拉出那張聲名狼藉的照片。當時那個年代可見琳賽・蘿涵（Lindsay Lohan）蹣跚地走出夜店，鼻子上有白粉，內褲（或根本沒穿）在棍子般細的腿中間若隱若現，同時也是艾美・懷絲（Amy Winehouse）的窄小臀部、豐腴上半身和大頂蓬鬆捲髮當道的年代。我們已經很習慣看到這些影像了。但是當布蘭妮剃了她自己的頭時，那完全不一樣，我們沒有辦法理解。我們仔細端詳那張照片，皺了皺鼻頭。

「她看起來他媽的有夠醜。」薩迪嘲諷地說。

我覺得很生氣，布蘭妮毀了我當時視為偶像的那個女孩。身為家中唯一的小孩，我花了過多的時間跟我嬰兒潮時代出生的父母相處在一起，因此錯過了很多我同學體驗過的社交和流行文化。我記得國小五年級時，曾經看著我們班上早熟的女生跳著克莉絲汀・阿奎萊拉（Christina Aguilera）的〈瓶中精靈〉（Genie in a Bottle），我完全被迷住了，既羨慕又好奇地看著她們完美整齊地晃動著她們的臀部，十二歲的女孩們穿著一樣的黑色低腰牛仔褲和短上衣，就像同一個生物那樣一起移動。我並沒有經歷過辣妹合唱團（Spice Girls）的時期，也不知道新好男孩（Backstreet Boys）任何一首歌的歌詞。我從來沒看過《歌舞青春》（*High School Musical*）或《簡單生活》（*The Simple Life*），因為我爸媽拒絕讓我在家看電視。

但我確實曾經擁有布蘭妮。

一次聖誕節，我特別要求要一張布蘭妮的首張專輯《愛的初告白》（*Baby One More Time*）。我深深著迷於她在那首專輯同名歌曲音樂錄影帶裡的表情，她的眼睛那樣無辜地向上看著鏡頭，粉色的絨球和辮子圍繞著她的臉蛋。她也去上學，也穿著制服，而我想知道布蘭妮是怎麼做到的，我想知道她是如何在學校和學校所有規矩的枷鎖下，還能看起來如此誘人有魅力。我把專輯播放給我媽聽，希望可以跟她分享我的興奮之情。那是個下著雨的聖誕節，老舊的音樂播放器就放在窗台上，我在那前方跳著舞，跟著一起唱。「她很棒，對吧？」我問道。

我媽做了個怪表情，搓揉著鼻子。「我不這麼覺得，我不喜歡。」

我翻了個白眼，繼續跳著舞，把她的不喜歡當作我們品味不同和世代差異。當時的我不知道她可能會反對那些歌曲，譬如〈生來讓你開心〉（Born to Make You Happy），十七歲的布蘭妮在歌曲裡唱著：

> 我不知道沒有你的愛，我該如何活下去，我生來就是為了要讓你開心。

但也有可能我媽從來就沒注意過那些歌詞啦，我不知道。

當大家都知道布蘭妮將童貞給了大賈斯汀（Justin Timberlake）時，我才十二歲，我拚命想問我爸媽那件事。我想知道那樣是對的嗎？還是她真的做了什麼很壞的事，甚至罪不可赦？他們會氣她發生性行為嗎？準確來說，她有因此背叛她的粉絲們和我嗎？既然布蘭妮再也不一樣了，她現在會發生什麼事嗎？

就算布蘭妮有了轉變並失去了純真的形象，有一件事仍維持不變：她仍舊是獨身一人。唯一幾個固定在她身旁出現的女生是她的伴舞舞者，她們被安排在布蘭妮身邊，只為了幫主角吸引更多目光。其他的流行女星都是她的競爭者，既不是朋友，也不是盟友。各家八卦雜誌製作各種視覺圖表來比較布蘭妮和她的對手們，像是克莉絲汀・阿奎萊拉。當布蘭妮與克莉絲汀終於在MTV音樂錄影帶大獎（MTV Awards）合體演出時，竟然只是呈現她們與瑪丹娜（Madonna）互相性感地熱吻。這背後傳達的訊息很明確：當女人同在一起時，只是為了男性的愉悅而存在而已。

布蘭妮失去童貞的一年後，我獲得了第一支摺疊手機，並且將鈴聲設為純音樂伴奏版的〈愛情奴隸〉（I'm a Slave 4 U）。我知道所有的歌詞（噢寶貝，你不想緊貼著我跳舞嗎？你準備好了嗎？忘卻我的名字與年紀），我每次聽布蘭妮的歌時，腦海中就會浮現她的臉：她如何像小狗狗一樣，好奇地睜大楚楚可憐的眼睛，就像我們突然嚇到她一樣，彷彿打擾到她了；然後她探詢、懇切地盯著我們，甚至看透我們。**你們想要什麼？**她彷彿這樣問著。

＊＊＊

到我上國中的時候，我的胸部已經發育了，也有一雙纖細的長腿。開始會有陌生人接近我，通常是在超市或商場，他們會大步向前，拿著他們的皮包，然後朝我媽前傾說：「她**真的**應該要考慮當模特兒。」就好像在說，**你怎麼會幫你的小孩回絕掉這樣大好的機會？**我爸媽一開始堅決反對，我媽甚至曾對一個女人大吼：「她未來是要當腦科手術醫生的！」但是當我過了十三歲後，他們對於讓我當模特兒的想法逐漸軟化。我媽跟我說我可以自己決定，她說是否想成為模特兒的決定權在我。她也很常講這個故事，然後想著**這一切到底是從何開始的呢？**

「我永遠不會忘記！」她說：「你正看向窗外，我們當時在搭計程車，在紐約要去上東城區見你舅舅。你轉向我，然後說：『媽，我想試試看。我準備好了。』」

那時差不多也是布蘭妮發行〈中你的毒〉（Toxic）那首歌的時候，那一首大概仍是她所有專輯曲目裡我最喜歡的歌。我特別喜歡那個穿插的音樂片段，她唱了一段漫長而縈繞不去的「啊——啊——啊——」，然後突兀地被DJ刷碟的聲音打斷。在那支音樂錄影帶裡，布蘭妮在一架滿載又老、又肥、又汗流浹背的商務人士男性的飛機上，打扮成清涼裸露的空姐，飛機航行穿越具反烏托邦色彩的黃色天空。布蘭妮接著將飲料灑在一個男士的大腿上，然後跟著音樂節奏，激烈地擦掉潑灑出來的液體。

> 現在用你的愛幫我解毒。
> 我想我現在準備好了（我想我現在準備好了）。

到十三歲時，我已經從中學裡的階級制度了解到，那些被視為最辣的女孩能得到最多的關注，她們是**特別的**。而布蘭妮就像那些女孩一樣，她支配著某種權力，若是我當了模特兒，那種權力好像突然間就唾手可得。**我想要成為她們的一員**，我想。

那次拜訪舅舅的紐約之行結束後，我媽載我北上到洛杉磯跟福特模特兒公司（Ford Models）會面。我穿著弗蘭基B（Frankie B.）的低腰牛仔褲，那是我所有服裝裡最昂貴也最珍貴的一件。那件牛仔褲的兩個後口袋鑲有水鑽，因此穿著它時很難坐著，因為堅硬的部分會刺穿牛仔布料，刺進我屁股的皮膚。這件牛仔褲也很低腰，低到會露出我的屁股縫，而我太常拉著褲子上的皮帶環將褲子往上拉，導致最後皮帶環都脫落了。

在福特模特兒公司，一位留著捲髮、看起來年近四十的女人隔著那件牛仔褲幫我測量我的臀圍。當她蹲下用皮尺環繞著我的臀部時，我往下看著她的頭頂，然後再緊張地看著我媽。「三十四英寸。」她宣布，手裡忙著將皮尺捲好。然後她更小聲地用只有我聽得到的聲音說：「因為有這些褲子口袋，我們會再拿掉幾英寸。」

在那之後，我們坐在等候室的白色椅子上。一個專員拿來一疊厚厚的文件，上面有一行又一行的黑色小字，我媽代表我簽了名。「這一切發生得太快，我沒預期到會有這些。」她一邊說，一邊沾濕她的指尖翻閱一頁頁的文件，並戴上了她的眼鏡。

顯然布蘭妮到髮廊告訴裡面的人她想要理平頭時，髮型師曾試圖說服她不要這樣做。於是布蘭妮就直接自己動手了，拿起理髮器開始幫自己理頭髮。她說：

「我不想要任何人碰我，我已經厭倦了被大家觸碰。」

＊＊＊

每當週末派對結束後，薩迪和我會去跟她男朋友麥可一起過夜，麥可也是惡棍幫的一員，住在離海灘幾個街區外他某位親戚的獨棟房子裡。我從來沒看過跟麥可一起住的那個男生，但我知道那位親戚他剛出獄，而且對我們在幹嘛毫無興趣。這簡直太理想了，我們想幾點進出那棟房子都行，還可以大聲喧譁，或讓整間房子都是大麻味也沒關係，沒人在乎。麥可在房間裡販售大麻、搖頭丸和古柯鹼，我不知道為何他會住在這裡，而沒跟他爸媽住在一起。

我們三個會擠在同一張床上：麥可睡在最外面，薩迪夾在中間，我則在最裡面靠著牆。我會躺在床上穿著我當晚穿的任何衣服：寬大的牛仔褲、緊身的牛仔褲或是迷你短洋裝。我在那裡一向睡得不好，但到麥可家過夜就代表我不用擔心宵禁規定。

某一晚，我在黑夜裡醒來，薩迪的頭就在我的枕頭正旁邊，她的臉背對著我。我可以辨認出她厚重的馬尾，有些許凌亂。突然有一雙手越過她，伸過來觸摸我，我的乳房突然從我的衣衫露出來，麥可正在揉捏我的乳頭。我僵住了。緊盯著薩迪的後腦勺，霎時間意識到發生了什麼事。我閉上雙眼，假裝自己在睡覺，嘆了一口氣，接著翻過身趴著，離開麥可的觸碰範圍。我的身體跟手臂都起了雞皮疙瘩，感覺上方從窗戶透進來的冷空氣，我試圖深呼吸，吸入那冷空氣，希望可以安撫自己再次入睡。

關於這個深夜的經歷我從沒告訴薩迪或任何人。**要是那個經歷其實是我自己幻想出來的呢？**我告訴自己，麥可選擇越過薩迪的身體來摸我，算是他對我的一種讚美。我告訴自己這件事會讓薩迪嫉妒，而我也知道那是真的。**跟你的奶相比，你男友更喜歡我的**，我這麼想著。這樣有賦予我比她更多的權力嗎？我甚至開始說服自己其實喜歡麥可的觸摸。也許我想要那樣的觸摸？也許甚至挑逗起了我的性慾？我知道要是薩迪發現這件事，她一定會責怪我。

* * *

同一個夏天，我跟薩迪在週間一起去洛杉磯，只要在各個徵選會之間有空檔，或需要等通勤尖峰時間過後再開車兩個多小時回家之前，我們都會去福特模特兒公司辦公室。薩迪會將車呼嘯駛進西好萊塢時髦的高樓大廈停車場裡，然後在代客泊車站忽然急剎，我們的頭會跟著往前晃動。我們爬出車外，空氣裡傳出一股薯條的香氣，我的腿因為坐了太久而麻掉。薩迪穿著外出穿的高跟鞋時總是很有自信，當我在她後方步履蹣跚地走著時，我都欣羨著她的步伐，看著纏繞在她的脖子的比基尼繫繩在她移動時跟著來回跳動著。我們兩個都知道去經紀公司時，外搭服裝內一定要穿著比基尼。

我們這次特別來是要拍一些數位照片，經紀人會將這些未經修片且「誠實」的照片寄送給客戶參考。我們抵達十二樓，在一間四周環繞一扇扇巨大窗戶，有著日落大道及其上方山丘環景的辦公室內，我們脫到只剩下身上的比基尼和高跟鞋。我記得身旁四周都是經紀公司專員，在碩大開放式空間的正中間，我彎腰前傾，假裝在調整我的高跟鞋，實際上是要確定我棉條上的線有好好地藏在比基尼泳褲裡。

我每年夏天都只被允許買一套泳衣，而我當天下午穿的泳衣早已光彩不再，破舊不堪了。薩迪和我整個夏天都待在沙灘上，我身上亮紅色的泳裝上衣已經褪色、磨損。被預訂拿下工作，拿到薪水，就表示我可以買新的比基尼泳衣和閃亮的白色漆皮高跟靴子，就像薩迪那天穿著的一樣。金錢代表自由，也代表另一種我才正開始理解卻渴望擁有的權力。

我的比基尼繫帶纏繞著我的肋骨，將我的胸部往上推高集中。我盡責地走在一位年輕助理後方，拱著背，將臀部後推，經過坐在電腦後方的公司經紀人們。

「那個身材。」一名男同志經紀人輕哼著，在我走過的時候眼睛閃爍地看著我，我微微一笑。

我拍完之後換薩迪拍照，她將下巴往下推，輕輕地瞇著眼睛，同時轉換重心，彈出一邊臀部。她的比基尼是黑色的，低腰而且剛好完美地遮住她的臀部。我看著她，腦中比較著我們之間的尺寸。我感覺自己太圓了，甚至有點肥，而且一定比穿著高跟鞋的薩迪矮太多。

「你很會！」一名助理一邊看著薩迪移動、擺姿勢，一邊說著。我起身站得更直挺，嗅了嗅空氣，確認有沒有聞到自己的體臭。

當照片一完成拍攝，那個經紀人猛地喊道：「女孩們，我們來看一下你們的冊子。」他在辦公椅上旋轉，招手要我們過去。

我們拖著腳步朝他寬大的辦公桌走去，仍然半裸著，手上抱著我們超大的白色作品集。

「女孩們，我看得出來你們太常把這些作品集放在很熱的車子裡，那些塑膠面都皺起來了。」他有些不悅，翻閱著一頁又一頁我們的照片。「可以拿幾本新冊子給這些女孩嗎？」薩迪跟我視線交換，我們知道這些新的作品集本子將會出現在下一期印好的薪資單上，顯示為薪資扣除項目。

當他停在兩張並排、近距離拍攝我的臉的照片時，我往下看，一頁我的嘴唇噘起、嘴巴微張，另一頁我的眼睛半闔。

「現在**這個**才是該有的樣子！這就是我們怎麼知道這個女孩會被人操！」他

往下指著那兩張照片。

薩迪輕推了我一下，然後朝我笑著。「沒錯，這是真的。」一位女經紀人在她的辦公桌前附和著：「我們總是可以透過女孩們拍出來的照片，知道哪些女孩有做愛經驗。」我感覺自己的臉頰變得很燙，我看著那個經紀人再望向薩迪，想跟她確認：這是件應該感到驕傲的事嗎？

當經紀人滿意地點了點頭，我感覺一股奇怪的自信油然而生。我是「性感的」，然後我周圍的每一個人似乎都同意這是一件好事。這讓我感覺自己與眾不同且特別，甚至可能有些強大。我用手環抱著自己的肋骨，然後更用力地推高我的胸部，微笑著。

＊＊＊

布蘭妮有一首歌叫做〈幸運〉（Lucky），除了我之外大家都很喜歡。布蘭妮在影片裡扮演兩個角色：她唱著歌詞，飾演某個旁白，然後看著另一個更華麗的自己接受獎項並沉浸在粉絲的崇拜之中。第二個布蘭妮住在一棟又大又美又空蕩蕩的屋子裡，穿著粉紅色衣袍、戴著鑽石項鍊，盯著手中款式老舊的鏡子。有時候畫面裡會有三個布蘭妮，是旁白、受人喜歡且寂寞的布蘭妮與後者鏡中的映像。我並不想看到悲傷的布蘭妮。我不想聽到儘管她擁有了那麼多成就，仍感覺有多寂寞。影片的結尾，華麗的布蘭妮在床上翻滾，臉上的妝都花了，她眼中的神情如同多年後我們看到的那個她，手中拿著理髮器看向鏡子的那個她。

她是多麼幸運，她是個明星。
但她哭呀，哭呀，在她寂寞的心裡哭泣，想著，
要是我的人生什麼也不缺，
那為何這些眼淚總在夜晚到來？

我不記得自己曾經喜歡過當模特兒，真的，而且我也常在想薩迪是不是也不喜歡。我記得有一次我在拍攝時看著鏡中的自己，帶著專業的妝容，看起來比實際年齡大了很多，張著嘴，翹起嘴唇，然後拱起我的背，而攝影師不斷按下快門。我喜歡我那一刻的樣子，或者至少我被那個女孩迷住了：我很誘人、我受人

渴望；而且我知道，任何一個我們學校的女孩（特別是薩迪）看到我這樣，她會嫉妒到瘋掉。所以儘管我在中年男性攝影師們的公寓裡感到害怕與不自在，儘管我被要求在他們窄小的公寓浴室裡更衣，儘管我在浴室裡被他們的除臭劑、刮鬍器具和保險套圍繞，儘管當我一走進他們的「工作室」套房裡，他們就會問我有沒有男朋友，或是評論我的身體，我都會告訴我自己，我是幸運的。我有照片能證明我的價值，而且我甚至開始能存點錢。

在畫面裡迷失，在夢裡迷失……

當世界不斷旋轉，而她繼續贏得勝利。

當我在高中時期告訴其他人，我正在要去念大學還是當全職模特兒間掙扎徘徊時，他們都會警告我：「模特兒有年齡限制，模特兒的職涯差不多到三十歲就得結束了。」這個說法老是激怒我，我覺得那些人這樣說都是性別和年齡歧視，暗示女性不能在變老後仍保持美麗。但現在我卻覺得那些人說的是對的，就算他們是不小心說對的。或許女人在三十歲過後真的就無法一直待在人生勝利組裡。

薩迪和我在她高中四年級和我高中三年級時漸行漸遠，反正我們從來就不知道該如何成為真正的朋友：不知道怎麼保護對方、不知道怎麼互相傾訴在私人派對、模特兒徵選會或與經紀人之間發生過什麼事。我們在這段友誼很早的時候就視對方為對手，而不是盟友。

在我們一起度過的那個最後的夏天，我們跟一群男孩出去，他們習慣偷偷潛入一個有錢小孩的爸媽家裡。麥可那時候已經沒跟我們一起玩了，所以我們以這個新地點當作我們深夜的棲身之處。我們會從一扇窗戶爬進去，然後仔細聽聲音確定沒有人在家，隨後我們會互相推擠然後各自占據想要的房間。待在那裡比起以前待在麥可住的地方感覺更加安心，雖然這毫無疑問算是闖進別人家裡。

有一晚，我跟我的男友一起待在那裡，結果我在睡夢中時月經來潮，鮮紅色的血濺滿整個主臥室床單。我們起床之後，我男友確信這次我們絕對躲不掉了，他認為那個有錢小孩的父母會讓我們被抓走關一輩子，全都是因為我把他們的床搞得血淋淋一團亂。他驚慌地看著我，我感到羞愧，告訴薩迪發生了什麼事。

薩迪跟著我走回臥室，冷靜地把床單從床上取下，然後不發一語地走到浴室。她捲起袖子，在水槽裡打開冷水。我在她後方看著，只見水變成棕色和紅色。她用手搓洗床單，然後將床單丟進洗衣機裡。那可能是唯一一次我覺得她好像真的是我的朋友，我感謝她時，她只是聳聳肩彷彿這根本沒什麼大不了。

最後薩迪離開了，到舊金山讀大學。每當我在臉書看到她更新的動態，想起我們一起度過的時光和十五歲的自己，我的胃就會因焦慮而緊縮和扭轉。我每隔幾個月就會定期確認她的社群網站，想知道她現在在幹嘛，彷彿仍與她的生活並肩同行。她將她的頭髮剪得極短、她將頭髮漂染成金色、她愛上了一個比她大很多，看起來很龐克風的男人、她跟他分手了、我發現她的腿變得更細了、她去日本玩、她搬到洛杉磯、她去念一間藝術學校、她開始完全不穿會露腿的服裝了。

我可以感覺到她也在觀察我，我想著我的生活在她眼中看起來會是如何呢？我多希望能透過她的眼睛來觀看我的生活。

有一天，她寫了一封訊息給我。那封訊息滿是過多的標點符號和超長的「哈哈哈」，我感到非常訝異，因為我認識的薩迪一直是個冷漠又淡定的人。然而現在，她卻用過多的標點符號，用好多大寫的字強調語氣，也用了好多「哈哈哈哈哈哈哈」。

我們來來回回傳著訊息，互相更新彼此生活的近況。她告訴我，她在洛杉磯一個很多藝術家會去聚會的俱樂部裡見到我某一任男朋友。**她當然會去那裡，她在這麼多年後仍然他媽的超酷**，我想著，她敘述她當時朝他走過去並打招呼。

「我當時大聲地說我們曾一起在一個瘋狂的海灘小鎮裡上高中，然後跟很多玩滑板的人混在一起。」她說。

我氣死了，我並不想回想起來。我很確定這段聊天內容不知怎地讓我回到十五歲的自己，安靜地躺在麥可房子的床上縱容他並成為共犯，或是在那些模特兒試鏡時感到不舒服與不確定。我因為那個版本的自己感到羞愧。我恨薩迪認識那個版本的我。

我們現在居住在兩個不同的大城市裡，紐約和洛杉磯。她是名藝術家。我們有共同認識的人，而且我們交友圈重疊。薩迪現在看起來交到了真正的女生朋友。有時候我會想，如果在那個我成為**真正**朋友的平行宇宙和時空裡，我們就可以在二十幾歲的時候互相幫助彼此，共同面對及應付這些陌生的城市與世界。

最重要地，我只是很高興看到她創造出了一個不同的人生，和高中時期的我們不同，她看起來不再只是圍繞著男孩或男人的目光打轉。

我很遺憾我們未曾關注在正確且當時應該是最重要的事物上面，但我很開心能得知她現在很好。我只希望自己在高中的時候能夠告訴她，我覺得她是多麼堅強，我當時多麼想要多認識她一點。

現在在網路上搜尋「布蘭妮剃頭」跳出的會是一張我不記得有看過的照片。布蘭妮高舉雙臂，好像在摸著看她頭上還剩下些什麼，照片裡也看不到理髮器，整體看起來很平和。她的視線從鏡子裡拉回，沒有看著我們，但越過了我們。她小小的塌鼻和斗大洋娃娃般的眼睛很有光澤，她凝視著遠方，看起來很放鬆。這張照片看起來像畫一般，讓人聯想到那幅名畫《戴珍珠耳環的少女》（*Girl with a Pearl Earring*）。然而那幅名畫裡的少女有一條頭巾蓋住她的頭，布蘭妮在同樣的地方卻已沒有了頭髮，只有驚人的、光禿禿的頭皮。那會讓你感到訝異，那樣的感覺太過猛烈，就像是警告一樣。

欸拜託！那是荷莉・貝瑞耶

Bc Hello Halle Berry

從早上開始島上就在下雨，我們看著雨滴落下，在泳池水面上勾勒出一圈圈小而完美的漣漪，然後S將玻璃拉門打開，讓濕漉漉的空氣和雨聲傾瀉進來。我們安靜地躺在床上，意識仍因剛睡醒而模糊，我們曬黑的身體一起擠在潔白的被單下。我的皮膚有海水和昂貴防曬乳的味道，濃郁而陌生。

我把咖啡放在胸前，愣愣地盯著一團又一團巨大灰色的雲，緩慢地在遼闊的印度洋上空移動。從玻璃拉門望出去，和海洋銜接在一起的無邊際泳池在門框中看起來像是一款螢幕保護程式。我試著讓我的目光跟著雲朵一起移動，但雲朵移動速度快到讓我覺得有些頭痛。我感覺自己很渺小，就好像自己一不小心就會被吹走一樣。

這是我們來到這裡的第三天了嗎？時間在這彷彿已不再重要。我們真的就是在荒郊野外，漂流在地球另一面的汪洋之中。我們用拇指滑著手機，想查看家那一端原本的生活，但那裡現在也沒有人醒著傳遞新消息。在這個從海底搭建、架高厚實的木頭房間裡，只有我們兩個人和我們的蘋果手機。

我緩慢地移動下床，腳底板貼在光滑的地板上時感到一陣清涼。滴滴答答的雨聲伴著我走進浴室。我從牆上掛著的鏡子中看到我裸體的身影，看起來帶有雀斑且年輕，呈現出一種有時會被認為甜美且有魅力的慵懶狀態。我洗了臉，然後細看自己，接著在有些浮腫的眼睛刷上睫毛膏，並一邊啜飲我的冰咖啡。

現在似乎是時候能把那張要拍的照片搞定，我想著。S甚至不必從床上起來就能幫我拍照。我輕哼著歌，然後快速地用乾燥的除毛刀刮除腋下的毛髮，然後擠了乳液塗在大腿上。我在行李箱裡翻找一件我自創品牌的比基尼，然後開始解開某件橘色比基尼上衣的繫帶，我記得這件之前並沒有拍攝過。凱特，我的商業夥伴也是我的朋友，在我出發來這裡之前提醒我，一定要拍一張我穿著這款特定泳裝設計的照片。如果有哪套泳裝我沒有自己穿來拍照，那套泳裝通常就會賣不好。我將比基尼泳褲拉起，然後身體向前傾，確認我的胸部有正確地落在三角形比基尼上衣內。

「S！」我從浴室裡喊道：「我需要你幫我拍張照。」

「當然。」我仍舊光著腳，朝床那端走去，他對著我微笑。「嗯，你這樣真美。」他輕柔地說，開啟他手機的相機功能。

「謝謝。」我感覺自己的臉頰變得很燙。S和我最初相遇時，我對於Instagram與我之間的關係感到羞愧，我對那股欲望感到羞愧，那時為了我的工作必須增加我的追蹤人數，才能讓品牌持續付我錢去推銷他們的產品。但我實在很討厭必須要求他幫我拍照才能完成我的工作，儘管我有時還是會這麼做。我大概花了六個月才終於放下我的羞恥心，找他一起來參與我的社群經營。說也俗氣，但是有錢賺就能付帳單。我想，擁有用自己影像賺錢溫飽的能力好像不該是我羞愧感的來源。

我移動到畫面的正中間，面向海，並將我的腳放在玻璃拉門的金屬門檻上，傾瀉而下的雨水離我只有幾英寸，但我仍然沒有碰到雨水，沒有被打濕。「我想我們應該趕快把這搞定。」

「看著我。」S指示，我照著做，感覺自己臀部的脂肪疊加在腿的後方，我的表情木然。

「拍好了。」他說，並把手機拿給我。

我發布了照片，沒有套上濾鏡，知道大眾喜歡看那種像是他們自己會拍出來的照片。我幫照片加上文字說明：「嗨，這是我穿著@inamoratawoman的屁屁。」簡單又切中要點。我也確認自己有加上標籤，這樣我帳號的追蹤者就可以直接從應用程式購買這套泳衣。

我們騎著飯店提供的腳踏車去享用飯店的自助早餐。我在我的比基尼外面套上S的扎染背心上衣，外層再加上一件飯店的防水連帽衫。當我們的運動鞋踩著踏板時，只聽見雨滴輕輕落在厚實而巨大綠色葉片上的聲音，和我們橡膠輪胎壓過白色沙粒的嘎吱聲。我們在華麗豐盛的自助餐中攻城掠地，每人兩個盤子，上面高高地堆滿各種食物，從港式點心到法式吐司都有。S看著我那誇張地裝得滿滿的兩個盤子，我則朝他傻笑，然後我們一起在餐桌旁坐下。我抽出我的手機，打開Instagram，一邊高舉著螢幕，一邊將吐司塞進小小的果醬罐裡。

「一個小時內五十萬個讚，還不錯嘛。」

「哇靠，超多的耶。」S說，一邊嚼著一塊港式點心。

我點點頭，吃著我的吐司，看著比基尼的銷量直升。我們賺進一筆不少的錢，品牌帳號的追蹤人數也增加了三千人，美國那邊的人甚至都還沒起床呢。我沒有確認自己帳號的追蹤人數，因為沒有必要，我知道只要我發布一些性感的東西，就會流失一些追蹤的人，但到了隔天就會又來一批新的追蹤者，沒有例外。

每當我看著貼文的留言和按讚數瘋狂飆升，就會產生一股激動之情，到現在我都還為之上癮沉溺於其中。隨便拍一張照片，然後為了兩千八百萬人上傳，可以帶來一種像吸毒般的極致快感。知道身處世界各地的人們可能正在討論我發布了什麼內容，就有種刺激感油然而生。無論什麼時候，只要我想要就能掀起那樣的浪潮，真的很讓人興奮。

不論好壞，我總是被過度曝光吸引，讓自己變成大人物能給我一種安全感。成為所有人之中說話最有份量、最堅持己見、穿著最裸露洋裝的人，**什麼都要做到極致**。成為大人物，卻也表示將成為眾矢之的。但透過吸引別人的目光及注意力，進而變成他們的攻擊目標，卻讓我有種自己變得更強大、更不易受傷的感覺，因為我是那個勇於讓自己面對這一切的人。至少某些時候的感覺是這樣。

有人付錢邀請我帶S一起來這裡度假：一個大型飯店集團在馬爾地夫的全新豪華度假村才剛開幕。這間飯店耗資四億元美金打造，而這座島是某位卡達來的超級有錢人的私有土地。這是我們從總經理那聽來的，他是一位穿搭全白的法國男人，在我們吃早餐的時候走過來並發現我們。這個飯店集團需要打響知名度，所以由我來拜訪這間飯店，然後在社群上標記他們的社群帳號和地點，這對他們來說很有價值。像這種類型的廣告方式，我只要來這裡度假個五天，然後偶爾發些照片，就能讓我賺進爆多錢。

雨暫歇，恰好給了我們十分鐘左右的時間騎腳踏車回我們房間。當我們緩緩地騎過濕漉漉的白色沙粒時，穿著筆挺制服、原先正在掃地的飯店員工停下手邊工作，將雙手合十舉至胸前，然後輕輕地點頭鞠躬，我也朝他們點頭微笑回應。

稍早躺在床上看著暴雨時那股意識模糊的感覺，現在變成強烈的頭痛。我躺下來，幫自己倒了一大杯水，解鎖手機再次確認貼文的按讚數：七十八萬九千三百五十七個讚。我在螢幕上往下滑動我的拇指，接著看到那個數字更新：七十九萬一千四百七十六。我朝S看去，他正在滑他的推特（Twitter）頁面。就算身處如此異國風情的場景，我們仍然無法遠離手機螢幕。我的眼窩後方抽痛著。我突然有一股強烈的衝動想將我的手機丟進我們面前這綠寶石般的汪洋之中，然而我卻只是將自己埋進蓬鬆潔白的枕頭裡。

床旁邊擺放的是黛咪・摩爾（Demi Moore）的自傳《由內而外》（*Inside Out*），我昨晚看完了這本書，我在讀的時候，S就睡在我旁邊。黛咪最後留給讀者的訊息給了我重重的一擊：「也許這故事的某些部分也曾是你發生過的故事。」**我肯定是希望最好不要有啦**，我這麼想著。但她是對的，儘管她不可能真的知道她生活中的某些方面的確和我的正好相似。舉例來說，她也是利用她的身體來獲得成就。

而現在，我細看著她書本封面上黑白的肖像，然後對自己有些不爽。我在讀她的書之前，還對她妄下定論，認為她就只是性感而已，其他又沒什麼。**全世界就你最沒資格啦，你這個人剛剛才在Instagram上發了一張自己屁股的照片，還膽敢在這邊抱怨這世界沒把你當一回事？真他媽的是個偽君子**。我想要用我的Instagram來大發橫財，賣比基尼泳裝或其他隨便什麼東西都好；但同時，我又想要因為我的想法或政治立場，呃，或者除了我身體以外的任何其他事物受人尊重。我用手指按壓著我的額頭，然後緊閉雙眼。這一切都感覺像是個錯誤：我住在這個完美到詭異的環境，追蹤我的人看到我的照片之後對我說長道短。**這個假期到底付出了多少代價？**某位億萬富翁旗下的公司付錢給我（**到底又是誰讓那富翁賺進那些財富的？用了什麼方法？**），而我發布那些照片，用那些照片鼓勵全世界將我的身體視為我最主要的價值。**這全是我的錯**。我的胃緊縮。**也許我該跳進海裡**，我想著，**用雨水和海水來淨化我自己**。

在我出生的前一年，黛咪．摩爾演出《第六感生死戀》（*Ghost*）這部讓她聲名大噪的電影。到了我能在結帳隊伍中讀懂一旁擺放小報雜誌標題的那個年紀時，她作為備受尊崇女演員的時代卻已變調，我當時理解到的是：大家比起她的演技，對她的感情生活更感興趣。我記得在《霹靂嬌娃》（*Charlie's Angels*）裡，她穿著黑色比基尼從水裡爬出來。想到她，我總是覺得她很美，這點無庸置疑，但絕對不會認為她很認真。我會選黛咪的書，也只是因為我讀過她另一位合著者的自傳後很喜歡那本書。

我傳訊息給我的朋友潔西卡：「幹，就連我都有內化的厭女症。」潔西卡和我常互相傳這樣的訊息。她會懂我的。還是可能她也不懂？潔西卡是有錢人家的小孩，我不確定她是否也曾想過要利用她的身體像我這樣子來賺點錢。不過話又說回來，她也在很年輕的時候就嫁給一位比她年紀大很多、以經濟條件來看很成功的男人。我想，**不管是模特兒或網紅或演員或什麼也不是，所有女人在某種程度上都知道利用性別來換取安全感是什麼滋味**。總之，她那裡現在也是半夜。我按捺住那股想要回去Instagram確認貼文讚數和評論的強烈欲望，將手機放在床邊的地板上，然後轉向S，我的頭痛欲裂。

不久後，太陽劃破雲層，我們前往海灘，帶著一個裝滿書的袋子和我們的蘋果手機。我們浸在溫暖的大海中，然後漂浮在鹹鹹的海水裡，遠離家鄉所有的人事物。我將雙腿纏繞在S的身體上，感覺自己的身體在水裡失去重量。我們親吻，然後讚嘆我們四周的景色，遼闊的天空環繞著我們。

「待在這裡讓我想了很多關於錢的事。」當我們走回海灘躺椅上時S對我說，並將白色的防曬乳噴在他的臉上。我在我太陽眼鏡後方檢視著其他的旅客。

「有錢人。」我咕噥著，然後我們開始猜測。他們到底是怎麼決定要去哪裡度假的？他們會一再重複去相同的地方嗎？他們的小孩也是搭頭等艙嗎？我們這樣一趟旅程究竟花了多少錢啊？接著我們計算了所有機票、酒飲和餐食的價格。

「幹。」我說：「這他媽要超有錢耶！」

「對，但我們現在就在過這樣的生活，寶貝。我們現在就過得像真正的有錢人一樣。」

我將帽沿往下拉以遮住鼻尖，並伸手去拿我的鳳梨可樂達（piña colada）。

「但我操弄了整個系統。」我說，然後喝了一大口的酒，感覺那股香甜盈滿齒間。S做了個鬼臉。

「什麼意思？」他問。

我指出我們並不像這個度假村裡的其他賓客。「我們不會花自己的錢來這裡，這太貴了。這些人，他們可以想把他們的手機關機就關機。」我說：「還有那個島主，或那個飯店集團啊，我在這裡賺的錢相較那個四億元美金只不過是九牛一毛。相比那位擁有這個地產的人的資產淨值，我賺到的數字根本不重要，甚至有些可笑！我不過就是來當他們的棋子，在這裡幫忙**他們的**生意。我是個廣告，而不是來度假的客人。」

S緩緩地笑了笑，他眼睛四周的皺紋露了出來。「拜託，寶貝。」他說道，伸出一隻手指搔癢我的胳肢窩。「你也是個資本主義者，承認吧。」

我扭動地躲開，覺得有點煩。然後灌了一大口鳳梨可樂達，喝得太快，感覺鼻竇因為突然的一陣冰涼而刺痛。

「我試圖在資本主義者的系統裡贏得勝利。」我捏著鼻梁說道：「但這不代表我**喜歡**這場遊戲。就像我說的，我懂得如何操弄這個系統。」S搖了搖頭，然後咯咯地笑著，一邊將更多防曬乳塗在他的手臂上。

我在我手機裡存著的螢幕截圖裡尋找著，然後高舉給他看。他瞇著眼大聲地讀出來：「『去他的資本主義，但在資本主義毀掉前，還是要繼續賺大錢。』」

「隨便你怎麼說。」他笑道。

我朝胃的方向往下看，調整我的比基尼上衣。至少這個免費假期（或工作，或隨便別人要稱它為什麼）給了我這個機會來推廣我的品牌。這個品牌是我自己創立、投資，並且現在自己營運的，僅靠著也擁有公司部分股份的凱特幫忙經營。我高一的時候，凱特是我們學校的四年級學生，我們在我搬來紐約後重新聯繫上並成為摯友。在加入我一起創業之前，她就已經在時尚產業待了好幾年。凱特的男友比她大超過十歲，離過婚且有兩個小孩，他負責管理一個不動產投資信託，擁有好幾棟房子。當他問凱特一些關於生意上的事時，凱特並不喜歡回答他的問題，也不喜歡告訴他任何實際的數字。「那感覺就是很怪。」她輕聲地對我說，雖然我們附近根本沒有其他人。「那就像是，在我們真的做到讓他大吃一驚前，我都不想告訴他任何事，你懂嗎？他是這個圈子裡的人，是那些成功的男人之一。我不想當那個在做**可愛**生意的年輕女孩，我想要狠狠修理他們全部一頓。」

我懂她的意思，我也想能成為那種男人無法忽視的狠角色。雖然我完全沒有成為女強人的興趣，但我想，要是不做我自己的比基尼品牌，反而用我的身體來幫某個有錢男人的比基尼品牌推廣，那我真的也太蠢了吧。

我最喜歡的一件藝術作品出自名叫漢娜・布雷克（Hannah Blake）的女生。其實她大部分時候是作家，但她偶爾會創作一些政治相關的藝術作品。而我喜歡的那件藝術創作是個錄音檔，你也能在網路上聽，那個作品開放給所有人。整個作品是由知名女歌手（主要都是黑人）一遍又一遍唱著「我的身體」這幾個字的聲音檔創作而成，包含蕾哈娜（Rihanna）、碧昂絲、惠妮·休斯頓（Whitney）等。兩秒鐘的剪輯循環播放著：「我的身體，我的身體！我的身——體——！」

「我的身體！」我用我唱得最好的蕾哈娜式嗓音大聲唱著，我踏進水裡時，一邊想著漢娜·布雷克的作品，一邊調整我的比基尼泳褲，將它往上卡進我的臀部。突然間，荷莉·貝瑞（Halle Berry）在《〇〇七：誰與爭鋒》（*Die Another Day*）裡從浪花中出現的畫面浮現在我腦海。「荷莉·貝瑞那時真的很辣。」我想著。然而，她卻只能在《擁抱豔陽天》（*Monster's Ball*）靠著扮醜來贏得一座奧斯卡金像獎（Oscar）。我想起我的經紀人曾告訴過我：「如果你希望別人將你視為一位好的女演員，那你就得讓自己變得醜一點。」她說得好像這一切理所當然，我突然有一股強烈的衝動想要拿東西把自己遮起來。

就在一個多月前，潔西卡才私訊我，給我看了一段荷莉的名言，上面寫著：「我的外表讓我歷盡千辛萬苦。」

「最好笑的是，我最初看到這段話的時候真的很火，因為，欸拜託，那是**荷**

莉・貝瑞耶！」潔西卡寫道：「但接著我想到你的生活，還有我之前怎麼猜測你能用你的外表來擁有一切我想要得到的東西。當然，現在我知道那才不是真的。對任何女生來說都不是這樣子！就算你他媽是超美的荷莉・貝瑞。身為一名女性，我總是想著要是我的屁股能再更緊一點就好了，或是我的鼻子能再小一點就好了，只要我能讓自己之於男人變得更加撩人，這樣我的生活就會截然不同。」

因為，欸拜託，那是荷莉・貝瑞耶！我在腦袋裡重複播放這句話。這個假期是不是完美地推翻了荷莉的論點呢？但我又為何會如此不自在？那份我與飯店簽署的合約就潛伏在我的腦海深處。我覺得很暈，是因為酒精，還是因為太陽？我也不確定。

我坐回椅子上，開啟Instagram，然後看到一位新演員發布的貼文。照片裡的她穿著高領套頭洋裝，棕色的頭髮整齊地分在一邊，就像一九四〇年代的電影明星般，耳朵上有一顆鑽石耳環。她很美，這個女孩，瑞秋，我已經認識她好幾年了，從她還留著一頭金髮時就認識她了，我們是在一次幫大型服飾品牌拍攝型錄工作時遇到的。

我一見到她就很喜歡她，儘管那時我覺得她有點過份活潑。即使當時的拍攝很華麗，對我來說工作就是工作，不是來玩樂的；但她充滿活力而且話很多，試圖對客戶及其他模特兒施展她的魅力。她用吸管喝著法國品牌依雲（Evian）礦泉水，然後一邊告訴我所有關於她繼父的事情，一個比她媽大三十幾歲的男人，是我爸媽那個年代的知名男演員。她去廁所的時候，髮型師很不滿，一邊用電棒捲幫我燙頭髮，一邊尖酸地對我或也許是對他自己咕噥著：「**當然囉**，有個出名的老爸。」我從鏡中看著從廁所回來的瑞秋的身影，當她對上我的視線，她的唇揚起一道笑容。

我後來在一個高級的好萊塢派對上見到她。我們在舞池邊緣坐了一會兒，她告訴我她蓬勃發展中的演藝事業。「我的意思是，那爛透了。任何人只要上網查我的名字，他們第一個會看到的就是我的奶子，那是我大概四年前吧，拍的比基尼照。」瑞秋有時會驚人地像個孩子一樣，很容易激發出強烈的熱情，就像她在派對上蹦蹦跳跳地見到誰就問她的頭髮看起來怎樣。有些片刻她又會看起來更成熟且更穩重，絕不會錯過任何一絲社交線索，她的笑容和應對節奏都恰如其分。

她的眼光掃視著派對人群，然後繼續說道：「我是覺得你很幸運啦，你那整個政治的東西，直言不諱地支持伯尼・桑德斯（Bernie Sanders），那些全部的事，我覺得大家會更認真地看待你。」她繼續真心地說著。

沒有人認真看待我，我想悄悄對她說，但她又再度起身離開，朝一位剛來的賓客尖叫跑去。

我透過Instagram看著瑞秋這幾年的轉變。那件高領套頭洋裝似乎像個頂峰：自此之後，她與性感事物就再無相干了。**這樣就能讓人認真看待自己嗎**？我想著。**把身體遮起來，然後穿得像是要去見英國女王？**這樣就能保有長久的演藝職涯嗎？或許吧。但非得要她開始穿毛衣，並把頭髮染成棕色，人們才會開始覺得她是認真的，這樣好像不太公平。

有一大群人從既長且白的沙灘左側朝我們靠近。四個女生全都穿著長袖黑色上衣、褲子、裙子和頭巾，互相說著話，往下看著她們踩踏在沙子中的腳掌。她們走在一群男生後方，那群男生正在抽菸，用跟我的一樣巨大的杯子正在喝著酒，他們沒有穿上衣，身上僅穿著游泳短褲。那些女生停在海岸線旁，然後在浪花裡坐成一排，身上的衣服馬上因海水浸濕而變重，黑色的衣料聚集在她們身旁。我看著她們的剪影，與潔白的沙粒和又大又藍的天空形成對比。她們背對著我互相比劃著，偶爾才朝現在坐在酒吧裡的那群男生望去。我想著，在那個陸地和海洋交接處的地方，那群人在說些什麼呢？

我刷新我的貼文，「一百萬個讚，而且還在增加。」我轉向S，露出傻笑。他笑了，然後搖搖頭，接著繼續回到他的科幻小說中。

我繼續看回我的手機，然後專注地看著照片中我的身體，那四個女生在我的周邊視野裡變得模糊。我下滑閱讀最新的留言：「男人都喜歡神祕感，不要再露出你的身體，或許就會有人開始聽你說話。」

我快速地關掉Instagram，想著要開始來讀我帶的書，但我反而又開啟了另外一個新聞應用程式。一個關於金．卡戴珊（Kim Kardashian）的標題吸引了我的注意：「為何金要穿得越來越不性感。」我從蘋果手機的邊緣瞄出去，偷看那四位穆斯林女士們。**還在那裡**，我想。我又喝了一口鳳梨可樂達，然後噴了一點防曬乳在我的腿上，感覺太陽穴裡脈搏的抽動。那該死的頭痛就是不會消失。

在我的手機螢幕中，金正在說：「我那時也確實在想，呃，好喔，我現在在白宮。然後隔天，在我要發張瘋狂的比基尼自拍照時，我在想，我希望他們不要看到這張照片，因為我下週還要回去白宮那裡耶。」金說了一些她對司法改革的努力，以及她怎麼意識到被性感化無法幫助她的志業。「我老公有個說法是，有時候過度性感就只是誇張過頭了。」現在我的鼻竇開始痛了起來。我曾經聽說過，頭痛是因為腦部腫脹，然後擠壓到頭顱。現在這種感覺完全就是那樣。

我向外伸展我的手臂和雙腿，然後閉上眼睛，告訴自己要放鬆下來。**錢就是力量**，我想著。**而且利用我的性別來投資賺錢，我就能有錢。這整個該死的系統很腐敗，任何參與其中的人都和我一樣有罪。我又能做什麼呢？遠離塵囂嗎？不管怎樣我還是得賺錢維生。況且，我還有這個該死的假期，絕大多數的人就算存好幾年的錢都沒有辦法負擔。這個假期荒謬地昂貴，而我甚至連一毛錢都不用付。所以我應該要心存感激啊。**

但我真的有力量嗎？那些在沙灘上包著頭巾的女人有力量嗎？荷莉．貝瑞是在當龐德女郎從水中走出來的時候比較有力量，還是當她卸去妝容，在得到奧斯卡的那部電影裡扮醜時比較有力量？我那個年輕演員朋友現在穿著套頭洋裝、帶著有品味的鑽石耳環就比較有力量了嗎？金是穿著一席西裝前往白宮比較有力量，還是透過她那惡名昭彰、讓她變成地球上網路搜尋量最高的女人的性愛錄影帶時，比較有力量呢？如果金沒有那支性愛錄影帶，還會有任何人在乎她對司法改革的奮鬥嗎？又為何所有這些女人們做的事情、穿的東西和發布的任何貼文似乎都如此被動呢？就好像她們都在適應別人的規則，玩別人的遊戲一樣。

「我的身——體。」我大聲地說出口，同時細細看著我臀部發亮的肌膚。面前的海洋一望無際，然而我卻覺得自己被困住了。我的身體。

韓式水療會館

K-Spa

韓國城正好坐落在其他城區的中心，四周環繞西好萊塢區、銀湖區、威爾希爾中部區和洛杉磯市區。那些韓國城水療會館的客群也正是洛杉磯這個多元文化熔爐的寫照，充滿西班牙文、韓文、英文、俄文，女人們輕聲地用自己的語言聊天，同時注意自己的音量。在那些水療會館裡，沒有人配戴珠寶，入場費也只需要三十美金，所以很難看出哪些是有錢人，哪些不是。

有些女人的皮膚下不自然地頂著巨大的隆乳植體，有些女人則完全沒有胸部，有些女人身上帶著整形手術的傷疤，有些女人看起來像燒燙傷患者，有些女人陰部毛髮上有著剖腹產後淡淡紫色的疤痕，有些女人全身上下都被更年期掠奪一空。有些女人會結伴同行，但大部分的女人都是獨自偷偷地來到這裡。她們垂著頭，臉部朝下，嘴角向下彎，眉毛也下沉，這一般在地鐵上會被說是放空婊子臉，但她們在這裡就只是看起來很放鬆，無需假裝也不必扮演誰。

了解並同意遵守水療會館的規定對於整個體驗至關重要。那些規定可能會需要一些時間理解：進任何池子前都必須先沖澡、將頭髮往上綁起來、不能穿泳衣，並且不能使用手機。這些規則被張貼在入口牆上顯眼處，並用貼膜包起以防止蒸氣。然而其中的潛規則卻比那些張貼出來的規則更加重要，而且只有實際體驗過才會知道：絕對不要與其他人視線相交，或是直接注視任何人的身體。這是一個沒有人會被審視或是被評價的地方。

當然，那些韓國客人才是專家，我們其他人都只是學生而已。我們這群新手用眼角餘光偷瞄她們，模仿她們習慣的方式。她們是最自在且最專注的一群，她們坐在溼滑磁磚地板上倒放著的塑膠水桶上面，不帶情緒地注視著牆上固定著的小小、起霧的鏡子。她們用粗糙材質的布向下搓著赤裸的身體，布料在她們皮膚上磨呀、磨呀、磨著。她們擠出一大坨洗髮精，用力地刷著自己的頭髮。有時候她們很安靜，但也有些時候會小聲卻自信堅定地互相用韓文聊天。無論是年輕人或老一輩的，在她們面前我都覺得自己既害羞又不成熟。她們彷彿與生俱來就知道要如何照顧自己，沒什麼好大驚小怪的，她們就只是這樣實事求是且有目的性地清潔自己的身體。

我從來就不太會照顧自己。清潔身體對我來說並不是能享受的嗜好，只不過是為了滿足社會期待而已。我知道骯髒令人尷尬，而且不符合女性特質。每當洗澡的時候，我總是分心而且覺得厭煩，會忘記除小腿後方的毛，或是沒有用足夠的時間沖洗我的頭髮。對我而言，清潔儀式一直是件麻煩卻必須得做的事，一件我必須為了其他人做的事。

我疏於照顧自己的部分不僅僅是清潔衛生而已。我也超怕去看醫生，怕到每次有什麼病痛，我都覺得預約看診比身體承受著的病痛還要可怕。我在二十幾歲的時候也極力避免去看牙醫，我整整連續七年沒有去洗牙，直到二十七歲才終於去看了牙醫，我不喜歡他們害我覺得自己沒有使用牙線很罪惡。當我告訴我的朋友說我都逃避去看牙醫，他們會表情扭曲地說：「牙齒健康很重要耶，艾蜜莉！」而我會聳聳肩，覺得有些羞恥、有些孤單、有些奇怪。

然而，我也很常在半夜醒過來擔心自己的牙齒狀況。我也想要健康有活力，但是又很討厭那個無可避免的問題：「你上一次洗牙是多久之前的事了？」我很常被陌生人問這問題，通常是個陌生男人。我不想要聽他告訴我：**你真的應該要好好照顧你自己**。我想要成為能夠控制我自己身體的人，就算這代表我必須否定他所說的話。

有很長一段時間，我並不覺得我的身體有那麼值得需要我去照顧。我想要我的身體正常運作，但我又常常忽視它，即便它曾試圖發出警訊。當我的右臀因為好幾個小時的飛行而疼痛，我也不會伸展我的肌肉。「疼痛是一種訊號。」我的朋友莎拉是那種會去上早上六點瑜珈課的人，她會告訴我：「你的身體正在試圖告訴你它需要什麼。」

但我完全沒有興趣聽它想說什麼。如果在我空腹起床，胃感覺很空虛而且迫切需要能量的時候，我只會倒苦澀的黑咖啡給它，逼我的身體趕快運作，運行得再快一點。我會一直等到眼前開始一片模糊、雙手開始發抖，而且什麼事也做不了的時候才會進食。我並沒有在逃避食物，我只是不想讓我的生理需求凌駕一切之上，我沒有耐心也沒有時間來補充營養。

我只有在性愛的時候，才會與我的身體合而為一。當我老公跟我做愛的時候，我喜歡看著鏡子，這樣我才能看到自己真實存在。這也能幫助我回歸到自己的身體之中，而不是像有時候會發生的，我的靈魂彷彿漂浮於我們兩個的身體之上。當我高潮時，我終於能夠允許自己在我的體內活著，就算只有幾秒鐘而已。

我的身體對我的生存一直都至關重要，它是我當模特兒謀生的工具。但我的身體之於我工作的一部分，又不像是運動員的身體之於運動員，或建築工人的身體之於建築工人，又或是在水療會館裡工作的女人的身體之於她們那樣。那些女人很強壯，她們會爬上平台，然後將全身的力氣推向其他女人的背部。我的身體，或者說，我的外表，只是一個用來裝飾的飾品罷了。

在水療會館裡，我們都知道我們看得見其他人，但我們卻不會去看。我們因為一起裸體而感到安心。我們並不是來這裡表演的，我們也不需要帶有自我意識，我們的身體只不過是來被維修的。當我在這裡時就只是個無名小卒，只不過是另外一具身體。

我從來不會因為裸體而感到不自在，我總是準備好隨時能脫光。「但你當然隨時都沒問題啊，要是我有你那樣的身材，我也永遠不會想穿衣服好嗎！」人們常常會這樣跟我說。

「才不是這麼簡單的事。」我想要回應他們，但我知道要是那樣我就得告訴他們，每當我的身體正在被審視時，我的精神是如何試圖和我的身體分離，我甚至不認為我的身體是**我**的一部分。「你懂我的意思嗎？」我問道，然後我能看到他們搖了搖頭：「不太懂。」抽離自己讓一切都變得更簡單。就某方面而言，過度曝露我自己對我反而像是最安全的選擇。當我把自己脫光，那就沒有其他人能再脫我的衣服；我什麼也不隱藏，所以也就沒有人能用我的祕密來傷害我。

就像在韓式水療會館一樣，當模特兒也有一些潛規則。拍攝時，你得學會隨時被通知換裝就要很快地換衣服，找隱密的地方很耗時，而時間就是金錢。然而，那些認為模特兒就應該在眾人面前公開更衣的期待，其實也是客戶展現權力的方式。那是一種測試，也是一種給模特兒自身處境的提醒：每個人都在自己的工作崗位上做事，而你現在也是時候要做你該做的工作。造型師、造型師的助理、廠商客戶或編輯、其他的模特兒，有時候還有攝影師，他們會站在你正前方，等著你把衣服脫掉。你知道你的身體不過是他們用來完成在這裡該做的事的一種工具：用來拍照，用照片來賣一些隨便他們要賣的東西。現在你的身體歸他們管，不是你自己的。

現在把它交出來，他們好像這麼說著，**你的身體就是你在這裡的原因，我們需要它。現在馬上！**你知道他們永遠不會像這樣在十個陌生人面前脫衣服，但那並不是他們工作職位的一部分，對吧？你才是那個模特兒。沒人有時間等你猶豫。你褪下你的衣服，而他們通常不會將目光別開。在那些時刻我不會猶豫，我會挺而面對那些挑戰，我想要通過測試。我想要讓這一切感覺像是完全沒有權力動態關係，就像我只是在做我的工作，是我自己想要依指示呈現裸體。我會袒露我的身體，自然又平淡無奇地就像我會做其他事情一樣。**看吧，沒什麼藏在這兒。**我想要一邊說著，一邊拉下我的洋裝赤裸裸地站在他們面前。「我才不怕你們注視的眼光。」我向下看著我的身體，而它感覺不像我自己的。它感覺像是**某種東西**，但不是**我**。他們可以想怎麼看我就怎麼看我，因為他們是對的，我的身體不過就是一種工具。

我的第一個重要的時尚攝影是由時尚攝影師布魯斯・韋伯（Bruce Weber）所拍攝，在冰冷的貨櫃拖車裡，我就站在超模卡莉・克勞斯（Karlie Kloss）旁邊換衣服，一位女造型師和她的助理在一旁看著我們兩個人。當我開始脫衣服的時候，我想起我的經紀人一週前在電話裡告訴我這個拍攝時的那股熱情。

「這很了不起！」我彷彿可以感覺到她正眉開眼笑：「布魯斯・韋伯！卡莉・克勞斯！」

「但是我站在她旁邊會看起來很可笑耶。」我說，盯著我浴室裡的洗手台，它和飛機廁所裡的洗手台差不多大小。我開啟水龍頭，然後檢視著鏡中的自己。「她比我高太多了。」我感覺自己應該提醒一下我的經紀人，我和卡莉之間將近十八公分的身高差距。也許她並沒有想到這一點？某部分的我希望她可以停下來，然後說：「喔，你說的對，我會取消這個拍攝。」

當我穿著高跟鞋抵達布魯斯在蒙托克的農場時，太陽還沒完全升起。霧氣繚繞著貨櫃拖車和放著自助食物的餐桌。我一邊把黑咖啡倒在紙杯裡，一邊試圖在高跟鞋陷入泥濘草地時保持平衡，我覺得這樣很蠢，但我不在乎。我當時內心很堅定，已經決定寧可讓自己看起來像個蠢蛋，也不要讓任何人留下我這副身體不適合這份工作的印象。我想要證明我屬於這裡，我可以堅持下來完成任務。

在拖車裡換衣服的時候，我伸手去拿我的咖啡，它已經冷掉了。我裸體站在那裡時，全身皮膚都起了雞皮疙瘩。我往下看著我的臀部和雙腿，然後將我的衣服拿給造型師。她上下打量我的身體，而我縮著小腹。

「我現在懂了。」她說：「你好小一隻！就像凱特·摩絲（Kate Moss），但有胸部。」我微笑著，我帶著的這副工具是適合的。

＊＊＊

那次拍攝的同一年，我在當時的經紀人娜塔麗的推薦下去了韓國城的韓式水療會館。娜塔麗是個有著金色短髮的女生，皮膚滑順，幾乎像瓷器般潔白透亮。她臉上總是帶著木然的表情，她果斷幹練的工作態度讓她成為一位強大的經紀人，甚至有時候有些激進。對她旗下女孩來說，她是個相當有權威的角色。

娜塔麗在與那些年輕女孩談論她們的身體時，她的準則就是最好直接挑明。她相信模特兒的身體是模特兒工作中很重要的一部分，而她認為在面對工作上的現實時，過度敏感無濟於事。

當我開始因為模特兒工作賺進不少錢時，經紀公司和娜塔麗才開始更關注我一些。當她第一次邀請我去吃晚餐的時候，我還以為自己惹了什麼麻煩，不然為什麼我的經紀人要帶我出去吃晚餐？我以為她想跟我討論我的體重，或其他一些我沒注意到的身體狀況。

我穿著一件長而透光的淺棕色洋裝去見娜塔麗和福特模特兒公司的另一位經紀人。我在腰間盡可能緊地繫著一條細皮帶，用筆在皮帶的仿皮革上戳出新的洞，然後死命纏上腰間，每當我呼吸的時候，皮帶就會掐進我的肉裡。我希望娜塔麗可以一眼就看出來我的腰究竟有多細。

我開著我布滿灰塵的日產汽車到西好萊塢的餐廳，車子少了一個輪轂罩，後座堆滿試鏡換裝用、成堆的服裝，但我仍試圖讓自己看起來成熟且優雅。娜塔麗和她的同事被安排坐在戶外，兩個人坐在餐桌同一側，桌上覆蓋著潔白的桌巾。當我在高跟鞋上穩住腳步朝他們走過去時，他們朝我揮了揮手。餐廳的一切感覺都很可愛（我猜想年紀較大的時髦女性可能會用這個詞來描述），而且昂貴。我想到自己凌亂的車上堆著骯髒的咖啡杯，然後不曉得自己是否看起來體面。我向他們打招呼時，娜塔麗揚起嘴角露出一個微笑，我從來沒看過她這樣。我訝異於原來她臉上的表情可以這麼熱情友好，感覺自己放鬆了下來。

整個晚餐期間，娜塔麗都沒有提到任何關於我身體的事，然後我，儘管不到法定年齡而且還開車，喝了三杯我這輩子喝過酒感最重、最好喝的白酒。我們談論了洛杉磯，還有那些我們討厭和我們愛的客戶，我從來沒有體驗過這種跟工作上的人一起的「讓我更了解你」的晚餐。就是在那一晚，娜塔麗提到了韓式水療會館。

「你應該要去那裡！」她告訴我，她藍色的眼睛在金色瀏海下閃閃發光。「你會愛上那裡！那裡就像天堂一樣，而且一點都不貴。」她補充道，就像我們是一般女生朋友在互相交換美容祕訣一樣。我微笑並點點頭。當天稍晚，我到家並脫下衣服後，注意到一道道紅色的勒痕裝點著我的腰際，就在先前皮帶掐進我肉裡的位置上。

＊＊＊

我在極可意（Jacuzzi）按摩浴池中睜開眼睛，然後踏出浴缸，感覺潮濕雙腳下皺皺的腳底板踩在水泥地板上。我的肌膚潮濕並冒著蒸氣。我身上什麼也沒穿，只有手腕上戴著一條伸縮塑膠手環，上面有一個塑膠標籤用粗體字寫著數字二十三。這是我置物櫃的鑰匙，這個數字也是那些女人準備好時會叫我的稱號。接著，在她們完成去角質刷洗和按摩後，她們也會用這個伸縮環來綁我剛洗好的頭髮，避免髮絲貼在我的臉頰上。

「二十三。」一位嬌小的中年韓國大媽大聲叫道，她的眼睛掃過各個泳池，直到她見到我。我乖乖地起身，用濕毛巾包裹著我的身體，她等我走到她身旁，然後朝我點頭，幾乎沒有看向我。「你好。」她說，然後轉身穿越滿是蒸氣的玻璃門，我跟在她後方。

身體去角質和按摩的區域排列著一排排長方形金屬的檯子。那些平台和我的臀部一樣高，大約一．八公尺長。兩個黑人女生躺在兩張並排的檯子上，毛巾蓋著她們的眼睛。那些正在搓洗她們的女人忙碌地移動著身體，將她們的手臂延伸出去，一邊搓洗著黑人女生的大腿和臀部，一邊用韓文聊著天。那兩個客人安靜且一動也不動，她們的身體被動地在銀色平台上面搖晃。

「躺下。」那個負責服務我的女人對我說道，然後用一隻手指敲擊著金屬平台的表面，然後一手伸出來拿我的毛巾。我將毛巾遞給她，我從蒸氣室出來的肌膚滑溜溜的，我爬上那個平台。

我上一次躺在那樣子的金屬檯面是最近一次去看婦科醫生的時候。我之前進行性行為的時候都會流血，只有在高潮過後會這樣，而且總是在我月經來的前一週。上一次發生的時候，我從我老公身上跳下來，然後衝進浴室感到驚慌失措。「我到底有什麼毛病？」我問，一邊在衛生紙上檢視著我的血跡，眼淚一邊撲簌簌地流下。

在婦科醫生診間裡，她詢問我關於我身體的問題時，我坐起身。我直接地回答那些問題，注意到我脖子上圍著的紙製圍兜後，一滴汗珠從我的肋骨滑落。「這樣的狀況多常發生？你在最近幾個月裡有一位以上的性伴侶嗎？你們有任何保護措施嗎？」她用一道又一道的問題連珠砲地擊中我，視線未曾從她的平板電腦離開。

「這是，嗯，正常的嗎？像是，你有看過很多人也有這樣的狀況嗎？」我說，試圖讓她的視線對上我的。

「這樣的狀況不是沒聽過啦。」她回答道，終於放下她手上的蘋果平板電腦。「讓我們來看一下。」

我頭往後倒躺下，然後感覺我的手在顫抖。「你可以挪動一下你的屁股靠近邊緣嗎？」她問道。我聽從她的指示，往下移動我光著的屁股到平台的最底端。

「就是那裡。」我注意到她很專注。「那樣很完美。現在你會感覺到有個冰涼的東西，可能會有點不舒服。如果有任何疼痛請讓我知道。」

我感覺到診察器從我雙腿滑入，然後進入到我身體裡，我光著的腳趾頭緊抓著金屬腳蹬。我試著記得要呼吸，可以感覺到我體內管壁的組織碰到醫療器材不自然地平滑表面。

「呃啊。」我在吸吐之間發出了一個聲音，試著讓我的身體不要縮在一起，但它反而更加緊繃。

「這樣很痛嗎？」那名婦科醫生問，猛地抬頭。我往前歪著頭，她的臉剛好完美地落在我雙膝的中間，我搖了搖頭。

「試著放輕鬆。」她說：「感覺不舒服是很正常的，但不應該有任何疼痛。」我突然因為自己明顯失去控制而感到羞愧。為何我的身體就不能照她要求的、我想要的去做呢？我虛弱地朝她微笑。

「這是常有的事。」我停下，然後再次向她保證：「但不會痛啦。」我可以看得出來，她不確定是否要相信我，她懷疑我沒有真實傳達我身體的狀況。「我不覺得那是疼痛。」我又再告訴她，她點點頭，靜默著。

當我告訴莎拉這個經歷後，她看著我，在我話說完之前就明白了，然後打斷我：「性侵害的受害者在婦產科都會緊張地僵住，這是一件，嗯，大家都知道的事。」我揚起眉毛。

「有趣。」我說，但我在醫生診間無法放鬆並不是因為性侵害的關係，或至少不完全是。那一剎那，我好希望自己可以對莎拉說謊，然後向她指出我過往某個特定的事件能夠輕易解釋為何我的身體會不自主地緊繃僵硬。我知道那個診察器進入我體內讓我想起被妨害性自主時的感受，當然，但我也討厭那個婦科醫生，因為我不是那個拿著器材、讓我張開腿的人，我憎恨被期待要相信我自己以外的其他人，我憎恨我要被那麼親密地注視，我憎恨自己被審視評價。

當我懷孕之後，開始評估要在家還是在醫院生產的優缺點，我列出了一張在每個情況下我最害怕事物的清單。我在「在家生產」下方寫下「疼痛」和「大出血」，然後在「在醫院生產」下，加上了「醫生和護士」。只有在那時候我才明白，我有多麼不信任那些具有權力的人，那些人內心想著的時常不是為了我好，也未經我明確同意，就讓我感覺我的身體好像不是我自己的一樣。

然而那些韓式水療會館裡的員工們，她們雖然也有權威，卻不會檢視和評價你。服務的規章和她們與你的身體的互動都事先經過同意。她們都是女人，她們穿著極簡的黑色內衣讓她們保持清爽和乾燥。她們近乎脫光的服裝也讓我感到安心，有一種大家團結一致的感覺，像是我們都站在同一陣線。

「臉朝上。」那個嬌小的服務人員對我說，一條毛巾蓋在我眼睛上。

「謝謝。」我小聲地說，但她忽略我，已經開始忙著在桶子裡裝熱水。**嘩啦**一聲，水珠噴濺到我的身體上，然後水珠在我舒服地顫抖時滑落。

在韓式水療會館這裡，我不會想到潔淨程度或我的體內，又或者我屬於誰。我就只是在這裡，是這裡眾多沒有毛巾包裹著、也沒有穿衣服的女人中的一員。我這輩子沒有在任何其他地方感受過這種平靜，我讓我的身體鬆懈下來，我讓我自己放鬆。沒有綑綁著的皮帶、高跟鞋或是腳蹬，也沒有人正被注視著。

整個去角質刷洗和按摩的流程通常會是這樣：

一、你仰躺著，然後側身，接著翻到另一側，最後趴著。服務人員會用一條又厚又粗糙的布巾刷洗你的皮膚，那種感覺介於痛和癢之間。當你翻身，然後依循幫你刷洗的那個人的指示調整姿勢時，你可以從毛巾下方看到你身旁金屬平台上有成堆整齊的灰色死皮。有些人會覺得這很噁心，但我不介意，我把這視為進化的象徵。服務人員刷洗你的手肘、你的腳踝、你的胳肢窩、你的胸部、你的屁股中間和你的耳朵後面，那些你可能想不到的地方，她們會一樣專注而且一樣淡漠地幫你刷洗每個地方。水**嘩啦**一聲沖下。

二、接著，你會被覆蓋在充滿化學味道的肥皂泡沫裡。泡泡在你光著的肌膚上倍數增加，然後你會感覺自己重生了。或者你只會感覺自己像是一條魚。水**嘩啦**一聲沖下。

三、服務人員會拍打你的背兩次，扎實地，用她的雙拳。你起身坐好，然後她會叫你伸出雙手。「去沖洗。」她說，擠出去角質的洗面乳在你的手裡。當你去沖洗的時候，你務必好好地洗臉，畢竟這是你唯一被分派到的任務，而你也會希望能幫得上忙。你關起水龍頭，然後精確地把自己擦乾。

四、當你從淋浴間回來後，金屬平台上會鋪著一條毛巾。現在你的服務人員會用指壓幫你把油按壓進你的皮膚裡。她會用指節敲打你的腳掌，然後用她全身的力量按壓你的頭靠近肩頸的部位。你會被揉捏、拉扯和敲打。我很愛自己可以躺在那邊，然後知道她正在對我做她對每個人做的一樣的事。這裡不像在其他按摩的地方，這裡的按摩師不會問你哪裡痛或是你哪裡需要特別被注意。沒有人會指出哪裡有特別的氣結或是有特別的問題。這裡沒有特殊待遇，只有這唯一的流程，沒有其他變化。

五、當你躺著，全身披著一條又熱又濕的毛巾時，你的頭髮會被清洗。你的服務人員會將洗髮精搓進你的頭皮，她會抓得很大力，大力到讓你擔心你的皮膚要裂開了。但你的頭皮不會裂開，很快你就會感覺到血液流動至太陽穴，你的頭髮會被好好地梳理，毫不留情。這大概是我最喜歡的一部分了。

當我回到映照著白光的置物櫃房間時，感覺有些可惜，那些女人都在穿衣服，準備回到她們的生活中。我不情願地將我的內衣從背後扣上，然後將T恤套過我的頭。當我穿上衣服的時候，我的身體馬上就忘記那種赤裸著且不被審視是什麼感覺了。在置物櫃房間內的女人們知道應該視線朝下，不要互相看對方的身體，不想打破那種魔咒。我在韓式水療會館裡從來沒有被認出來過，或者至少沒有人讓我知道她們認出了我。我將球鞋套上我光著的雙腳，彷彿讓腳窒息，然後我穿著鞋子時走路的方式馬上就不一樣了。我檢查我的手機然後回覆電子郵件，一邊往上面、上面再上面走到一樓，然後到停車場。我將有效的停車券投入機器裡，然後開車，離開威爾希爾的停車場，我的車窗搖下，但沒有開廣播。當我離開時，一股失落感淹沒了我，這樣的安靜感覺剛剛好。

我暫停準備左轉進入車陣中，然後在周邊視線裡看見一輛卡車，擋住了我左轉的去路。我往下沉進座位裡，然後等待，但它仍然沒有移動。我終於看向那個司機，然後注意到他的車窗也開著，他朝我揮手。

「嘿。」他說，他的上排牙齒有很多空隙。「我可以跟你要電話號碼嗎？」

我搖搖頭，然後開車離開停車場，用雙手轉方向盤，然後讓我的車繞過他的卡車車斗。我翻了個白眼，但還是不禁用後視鏡細看我的臉，透亮且沒有上妝。**我猜他可能覺得我看起來很美**，我想。就算只有我自己一個人，我還是愣愣地傻笑著，然後注意到嘴唇看起來有些蒼白。回家路上，我一邊開著車，一邊伸手進我的包包裡，幫自己擦上口紅。

暈暈感

The Woozies

那棟我從小到大住的房子是我爸蓋的。在聖地牙哥北郡遠離塵囂的遼闊郊區，一條幾乎我整個童年時期都沒有鋪砌好的馬路上，那棟房子就蓋在能夠清楚俯瞰整條馬路的小山丘頂端。要是我爸剛好在車道上拿報紙或是剛散步回家時有人開車經過，那些人會搖下車窗然後大喊：「你的房子好讚喔！看起來就像是童話故事裡會出現的房子。」

那棟房子很小，不超過二十二．五坪，被漆成深綠色，而且布滿常春藤，窗戶和門則裝飾成白色的。整棟房子看起來像是自然地從院子裡長出來的一樣，院子裡長滿尤加利樹、松樹和我們以前的聖誕樹，有些樹能長到超過六公尺。古怪的盆栽植物和仙人掌擺放的姿態像是門口的守衛。那棟房子像是魔幻生物體，一個在那裡可以汲取和被汲取能量的地方。

每處小細節都看得出來努力和用心：金色木頭地板上的漆、我爸好幾年來收集的不同款式的門把和檯燈、梁柱上攀附的黃銅鑲邊及裸露的屋頂內部。分隔不同空間的牆被截短，大概只有地面到天花板的一半高。每當有客人來訪，他們都會打開廁所的水龍頭，利用水龍頭的聲音幫自己製造一些隱私。

我爸很愛講一些關於這棟房子和他是怎麼蓋它的故事。從小我就很喜歡聽那些故事，我會跟著他從一間房間到另一間房間，聽他說房子裡每個特別之處的故事。那面我臥室裡的全身鏡是他幫他以前女朋友裝的，她是一位芭蕾舞伶，在他認識我媽之前在一起的。那個餐廳裡的小小陶罐是我祖父在廣島瓦礫中找到的（「小心點，那可能還有輻射。」）。那幅我爸媽臥室裡掛在牆上的畫有個樞紐可以打開，然後會露出被藏起來的電視（「我就只是不喜歡電視的樣子。」）。客人踩著不平整的階梯通往一面雙扇門（「這兩扇門曾經是演員小詹姆斯．卡格尼〔Jimmy Cagney〕的。」）然後到我爸的工作室入口。「你知道的，」我媽會有點尷尬又有點驕傲地說，「這是藝術家的房子。」

我爸和這棟房子緊密連結在一起。他是這棟房屋的建築師、場地管理員、歷史學家和這個童話故事的作家。雖然我媽和我也住在這，但這棟房子就只屬於他，無庸置疑。

在我成長的很多日子裡，那棟房子很是輝煌，屋內會充滿我爸對於他正在創作的畫作的興奮之情，或是我媽正因朋友要來拜訪而準備中的喜悅。他們都很喜歡照料那棟房子，在那樣的時刻，那棟房子就會變得興旺且閃閃發光。陽光會照進屋子裡通常布滿陰影之處。我爸媽會互相調情，引用他們兩個都愛的伍迪・艾倫（Woody Allen）電影場景台詞，然後重複講述那些居住在共產時期波蘭的故事，我媽當時因為傅爾布萊特（Fulbright）獎助計畫到那個地方教書。接近傍晚時分，他們會啜飲葡萄酒，然後我爸會吹奏樂隊合唱團（the Band）和范・莫里森（Van Morrison）的曲子。在那些夜晚裡，我也時常被我爸媽做愛時有節奏感的聲音吵醒。

但更多的時候，我會被他們的爭執聲吵醒。我爸會用力摔上前門，用力到整棟屋子都會晃動。那些房間（如果你這麼稱呼那些空間的話）無法限制我爸媽的能量，更別說他們的爭吵了。我被捲進他們的喊叫競賽裡，處於他們之間，有時候會實際如字面般地處在他們中間，他們互相向對方拋出尖銳的辱罵和指控，而我仍只能聽懂其中一部分。我試圖想保護自己的隱私，我會回到房間並關起門來，然後趴在地面跟我幻想中的朋友和填充玩偶一起玩。然而，我仍然能感受到一波波劍拔弩張的氣氛向我席捲而來。我像是一顆掉入水族箱內往下沉的石頭，完全靜止在那裡。我彷彿可以聽見我爸媽正在想著的事情，就算整棟房子寂靜無聲。房子完全沒有聲音的時候才正令人感到最為喧囂。

我知道我爸媽曾一直分手又復合，來來回回好幾年，直到我媽懷了我之後，他們才決定要結婚。我理解到，就算在我出生以前，我的存在就已經是他們這段關係裡不可或缺的黏著劑。每次他們這樣爆炸之後，通常會以一個人離開，然後另一個人來找我為自己辯護或是宣洩不滿作為結尾。我會傾聽，盡責地扮演我的角色，然後一股噁心感會伴隨我好幾天。

我記得我曾坐在餐桌前，一杯果汁就擺在我面前，我媽正在排列整理那些列印出來的我爸和各種女人之間的對話（以前的學生、先前的愛人，還有他在飛機上偶遇到的女人），我媽盜進我爸的電子信箱找到這些對話。

「他是不是越線了？」她問道。

我們之間的界線從來就不明確。這棟房子也沒有幫助，本來這裡就是個沒有界線的地方。像我這樣在這種家庭長大的孩子，只有他們和他們的父母，身體和情緒都沒有區隔，就能變成特別會觀察的專家。我們學會看出那些被隱藏的事物，或甚至完全不存在那裡的事物。我們變得對他人的感受和情緒特別敏感。我們敏捷且善於改變自己的形狀，我們在感覺與眾不同及孤單一人之間搖擺，我們感覺自己兼具能同時拯救與摧毀那些我們愛的人事物的能力。

有些晚上，我會向上盯著屋頂內側，沒有辦法安撫我不安的心，無法讓自己入睡。我會焦慮躁動，而且汗流浹背地躺在床上，思緒不斷地奔馳著。最後，我會對著我房間和我爸媽房間之間截短的牆大喊，一開始很小聲，漸漸地越來越大聲，然後會聽見我自己的聲音迴盪在屋頂內部。

「媽……媽媽？媽咪！」

我會煩躁地等著，蜷曲在一塊兒，直到她走到我的床旁邊。「你又有暈暈感了嗎？」她問道，我奔騰的淚水直落在臉上。我點頭，然後抱緊她。

暈暈感是我用來稱呼我肚子裡面那股焦慮的名字，因為那感覺讓我想到自己暈車時的症狀，就像我試著說明的，「再加上一點悲傷的感覺。」我們很常使用這個詞彙。

我在很小的時候就知道我媽也在克服她自己的暈暈感。她的暈暈感曾經很嚴重，狀況糟到她曾因此住院。她一次又一次地說著那件事，就像在說床邊故事一樣：「我是自己去登記住院的。」她開始說，我彷彿可以看見她的頭靠著硬邦邦的白色枕頭，黝黑的手臂圈著病患的手環。我想像我爸猶豫地走進去，手上拿著禮品店買的、整齊地包裹在報紙裡的花束，我媽不會喜歡那種花。

「我在病床上評閱我所有的報告，然後及時將那些發還給我的學生們。」我可以想見一疊厚厚的紙堆在她腿邊，就在白色毯子的上面。

「我們很擔心你會遺傳到全部的那些，不過我很慶幸你沒有！我的憂鬱症在你出生後就消失不見了。它就這麼消失了，都是因為有了你。」

我變得很習慣這個概念：我是我父母兩人的解藥。有一個傍晚，應該差不多是我十五歲的時候，我媽和我在客廳聊天。她正蜷曲地坐在她的椅子上，她的椅子總是在我爸的椅子旁邊。她的眼光閃爍，手中搖晃著紅酒杯。金色的光打在她的鼻子和額頭上。我可以看得出來她很放鬆。

「你爸跟我曾經說過，要是你遭遇了什麼不幸，我們就要去自殺。」她說得好像事實就是這樣：「對我們來說就是這樣，要是你死了，我們就沒有活下來的理由了。」她舉起她的酒杯，淺嚐了一口。

「我不想成為你們活下來的唯一理由。」我說，躊躇地、結結巴巴地說出每一個字。我又再試了一次：「我不想聽到你說的那些話。」

「噢，艾蜜莉，我不是**那樣**說的。」她的舌頭在她上顎彈著。我仍然可以感覺得出來，要是我獨自生活，離開他們，離開這棟房子，那會殺了他們。

當我搬出去後，我爸告訴我：「一開始這整棟房子裡只有我，然後有了你媽，接著又有了你。然後有了我們的第一隻狗狗、第一隻貓咪。現在你走了，那些動物們也都死了，埋在後院。很快地有一天，我們也都會死掉，最後又會只剩下這棟房子了。」

＊＊＊

我爸老是喜歡開玩笑說他會英年早逝。「我可能不會參加你的婚禮。」他說：「高壯的男人就像大狗狗一樣！我們沒辦法活那麼久啦。」但過了這麼多年，當我到了二十幾歲，而我爸媽也超過六十歲時，他的身體健康明顯地如恆星般亙古不變。反倒是我媽的健康開始一年一年出現越來越複雜的狀況。我媽的爸爸（「小狗狗」我爸會這麼說他）活到了一〇三歲，而他活著的一生中連一個蛀牙也沒有。我們總是猜想我媽老了之後也會跟她爸爸老了的時候很像。她很結實也精力充沛，她的頭髮仍然厚實且茂密地生長在她的頭上。一開始，六十幾歲好像很適合她，就好像她終於到達了她命中注定就是要變成這模樣的年紀。她看起來就像《黃金歲月》（*the Golden Years*）上的海報人物：她本來想把那一本她從一九九一年柏林圍牆倒塌時（我出生那年）就一直想寫的書寫完，也打算開始健身和結交新的（女生！）朋友。

但她並沒有和這些朋友吃冗長的午餐，也沒有整個下午都在書桌前寫作；反之，她變得日益忙碌於安排醫療檢查和看各類醫生，試圖找出方法治療她開始感受到的背部和臀部疼痛。醫生很快地診療並剖開我母親的身體：她在五年內就進行了三次人工髖關節手術，也動了脖子和背部的手術。似乎每個病痛都只導致了更多的併發症。當她的活力慢慢衰退而她的步伐越來越慢時，她變得更加體弱多病、憂鬱和困惑。

第一個我媽重病的徵兆出現在她的手部，她的雙手開始在她睡覺的時候麻痺。我一直很欣賞她的雙手，那雙手和她母親的一樣，形狀優雅、很女性化卻又不過於小巧，而我也有那樣版本的一雙手。她醒過來的時候，發現她的雙手蜷曲在一起，靠近她的臉部，雙臂在她胸前交疊著。她在睡眠當中將自己如一朵花般折起來，就像是在縮時攝影裡以一個不自然的節奏緩緩地瓦解。

接著出現水泡，又大又黑又硬的水泡。每當她用她的雙手時，那些水泡就會出現：當她開罐子的時候，看起來很憤怒的水泡會出現在她的拇指內側；當她太用力按按鈕時，水泡就會在她指尖出現，又紫又平。

我很常在半夜醒來，擔心著她，然後轉而執行嘗試幫我媽診斷病痛的任務。我會搜尋「手上的水泡」，然後發現自己在看網路醫療健康訊息平台（WebMD）上駭人的敘述和可怕的照片，照片上的老男人眼周有著一圈又一圈的紫色水泡。

經過好幾年，我媽累積了各種奇怪症狀，因為她在聖地牙哥的醫生們給了她互相矛盾的診斷，於是我爸媽和我斷然決定要去明尼蘇達州羅徹斯特的妙佑醫療國際醫院（Mayo Clinic），去看看有沒有人能夠合理地解釋她的病況。

我爸媽從加州飛去，而我從當時居住的紐約飛去。我媽訂了一間有兩張雙人床的房間，希望我可以跟他們共享一間房，但在我抵達的前一天，我堅持自己要有一間房。黎明時我們在飯店大廳碰面，我們也從飯店大廳拿了幾塊包在玻璃紙裡乾巴巴的香蕉蛋糕。

到醫院的第一天，我爸媽在醫院設施裡糊裡糊塗地走著，被這個機構的規模大小嚇到了。我媽提著一本本資料夾，裡面裝滿她診斷測試結果、列印出的維基百科內容和她的問題清單，資料夾塞在一個超大的帆布托特包裡，她背著那個包包使她顯得更加瘦小。我走在他們前方幾步，拿著我們的行程表，然後指引他們到正確的電梯，帶著我們到正確的樓層、正確的醫療大樓等。我樂於接受這個新的管理者角色，它能讓我分散注意力。

當我們拖著腳步走在醫院時，我媽大聲叫道：「小艾！你還記得那個露天市集嗎？」我往後方看去，然後點點頭。

那時是六月，而我才六歲，我爸媽帶我到每年都會舉辦的大型聖地牙哥市集。當黑夜逐漸降臨，而我們花了整個下午在觸摸農場小動物和搭摩天輪後，我爸媽決定是時候該走了，但他們找不到出口。我記得看著我爸在黑暗中的身影，他試圖爬過鐵絲網，進到一個大型的沼澤鳥類保護區，我感到一陣慌張。我大叫著，聲音自信又肯定地說：「不，爸爸！不是那個方向啦！」隨後領著他們走回到色彩斑斕的燈光下，越過一座橋，經過那些遊樂設施和食物攤販，走進停車場，然後我終於找到他們車子的位置。「你總是那麼擅長幫你沒了希望的父母找尋方向。」我媽媽說道，然後感激地笑著。

直到我們預約看診的第三天，經過了幾個晚上的惴惴不安，儘管我用盡全力擔任組織者的角色來讓自己保持忙碌，我卻能感覺到暈暈感開始籠罩著我。當我們抵達下一個醫生的診間時，我知道我們慢慢地越來越靠近某些真相被揭露的時刻。我突然變得驚慌失措，感覺自己就快要失去我自飛機降落以來就一直保有的沉著冷靜。我想要知道解答，但為什麼會感覺自己就快要融化滲進米色的亞麻地板呢？

我小心翼翼地蹲低坐進椅子上，試圖讓我的呼吸和緩。我很慶幸似乎沒有人注意到我正在崩解。我爸就坐在我旁邊，他的手交叉緊握置於他的雙膝之間，面向前方，而我媽在檢查檯上休息。她在那裡等著，看起來就像個小小孩一樣，她坐得直挺挺地，雙腿纏繞在一起晃動著，我好想抱抱她。

當那個年輕醫生將我媽的頭向後傾斜，並朝她闔著的眼皮直接照光時，整個診間彷彿正朝我逼近。就在那裡：那些黃色、紫色的圓圈，就像我曾在谷歌照片搜尋裡看到過的，網路上描述它們為「浣熊眼」的眶周瘀斑。

「你沒有擦任何眼影對嗎，凱西？」他問道。

「沒有眼影，只有一點點睫毛膏。」她故意地說，就像一個勇敢、誠實的小孩向大人坦承。我忍住不哭，想像著那個畫面：我媽在黑暗的飯店房間裡，擦著睫毛膏，試圖想讓她自己在排著滿滿醫生檢查的一天中更體面一些。

現在我媽躺在桌上，眼睛閉著，就像一個在墳裡的皇后，她的十指交握，手放在她的腹部上方。**我以前就在那裡面**，我想。二十七年前，她的身體曾經夠強壯的能讓我待在裡面。一盞白色聚光燈照著她的臉，醫生開始切割她的眼皮來做活體組織切片檢查。我用我的手臂止住嗚咽，但我知道她還是能夠聽見。當我的眼淚從臉頰流下時，我爸迴避了我的雙眼。當醫生關掉聚光燈，我在我爸媽出來之前，先溜出診間到窄小的走廊，然後低聲地哭泣，感覺特別孤單。

我們回到我爸媽的飯店房間後，我爸整個人埋在其中一張床裡，然後專注地滑著他的手機。我媽在另一張床上，蜷曲地像個胎兒一樣，背對著我爸。

「類澱粉沉積症。」我大聲地讀著手機上的字：「發生於當一個不正常的蛋白質透過你的血液沉積在你的器官內，然後干擾器官的正常運作。」我繼續安靜地閱讀著。**許多不同種類的類澱粉沉積症會導致危及生命的器官衰竭。治療能幫上忙，但症狀無法被根治。**

我在我媽身旁躺下，然後開始讀一些關於療程的正向說法給她聽，想給她一些希望，然後也告訴她一些極端的例子，讓她知道她的狀況其實不算太糟，還有更糟的例子。我們已經算是很幸運，那些蛋白質是沉積在她的手上，而不是她的心臟或腎臟，我解釋道。她將她的手放在我的手臂上，認真地聽著，然後看著我。「噢，哇！嗯，我想我現在只覺得很感激，我們終於知道這到底是什麼病了。」她說道。最後她終於睡著，她的嘴巴張開，氣息穩定。我將手機放下，研究著她的面容，美麗的線條和偶然出現的淡棕色太陽黑斑刻劃著她精緻的五官。她濃密的灰髮，如此柔軟，圍繞著她的臉蛋。我撥掉她前額的一綹頭髮，然後想著當她哭泣時看起來的樣子：她的眉頭會如何被往上交織，她的下巴會如何像個生氣的寶寶一樣抖動。她面容裡的某部分依然保有著她一貫的溫柔稚氣。

我別過頭不看她，仰躺著，聽著她在我身旁的呼吸。我爸也在另一張床上睡著了。飯店房間的牆壁彷彿隨著他們吸氣、吐氣而起伏著，我的意識漸漸模糊，半夢半醒。我想到我媽相信空間能乘載記憶，牆壁別具意義，而家最終會變成我們的一部分，人們總是這樣。我想像著她年輕又強壯時，處於她所知的那些空間內。我想著，是否當我越來越像個女人，並且占據了越來越多她以外的空間，她是否會越來越退化？我們沉沉地睡著。

＊＊＊

當我爸第一次來看我買在洛杉磯的房子，那棟光線充足的屋子，他笑說：「這跟我們家也太像了吧！甚至還有一樣的樹！看看那些木頭梁柱！」我朝四周望去，有了新發現，訝異於他觀察力的敏銳度。但我仍想著，**我的房子可是有頂到天花板的牆壁**。

在我媽開始化療的那週，S跟我一起到洛杉磯。我在我們結婚後的幾個月就買了那間屋子，但我們沒有花很多時間一起待在那裡，因為我一直出差旅行，而S一直都生活在東岸。當我們抵達時，我們看到一個蜂鳥鳥巢就在大門正上方，盤繞在一片纖細的常春藤上。我們互相擁抱，然後微笑：這是個象徵。那些鳥兒代表著對我們這個家、我們兩個合而為一的祝福，牠們選擇棲身在我們門框的上方，多麼聰慧也多麼魔幻呀！

當S回到紐約工作後，我在前門階梯發現一隻小鳥從鳥巢上掉下來，但還活著。光是看著牠，我就可以感受到牠有多脆弱，牠的骨骼是那麼空虛，牠的針羽是那麼柔軟。我很確定牠摔下來是一個錯誤，一個宇宙中的小小誤會。我小心翼翼地用一片大葉子，沒有直接觸碰到牠，將寶寶放回牠的巢中。

隔天，我在我們白色的露台階梯上看到一個深色的身影。我甩掉一股絕望的感覺，笨拙地將那個小小的身體放回原來的地方，就在牠其他嘰嘰喳喳叫著的手足旁邊，一次、兩次、三次，那變成我家事排程的一部分：洗碗、倒垃圾、檢查電子郵件和拯救蜂鳥寶寶。

幾天後，我發現那個蜂鳥寶寶小小的屍體覆蓋著眾多螞蟻。我用一封信件將牠掃落階梯，撥進我們前院的植物裡。

「我沒辦法成功拯救牠。」我在電話中告訴S：「我想我根本就不是救世主。」

我媽的化療開始之後，我回了我爸媽家幾次，每次我都會回到我洛杉磯的住處睡在我自己的床上。我沒有回去的時候，我媽就會打給我，然後用一個聽起來像是她媽媽而不是她自己的聲音，描述她的感受。她告訴我她的一個朋友得到乳癌，但活了下來：「她女兒們搬回家跟她一起住。」她說。我想像那個畫面，她坐在客廳裡她自己的椅子上，斑駁的陽光從她身後窗戶照進來。

我當時並沒有需要待在東岸的工作，而是待在洛杉磯這個離我媽車程兩小時遠的地方。這就像是在我知道她想要的（我搬回他們房子當她的看護）和我想要但是太羞恥，甚至不敢跟我自己承認的（待在這個國家遙遠的另一端跟S一起展開新生活），這兩者之間最好的折衷辦法。儘管我計劃經常回去看她，但幾週過去，我發現自己卻遠遠留在這裡，害怕著我媽可能會施加在我身上的力量。我獨自待在我的新家，覺得自己被困住，不確定該怎麼做，並且感到沉重的罪惡感，持續意識到我爸媽家對我如磁鐵般的吸力。

在那些早晨裡，我會在我們巨大且堅硬的床墊上醒來，盯著一片空無。我可以一整天都呈現那樣的狀態，看著穿過房間的光線，直到它漸漸消退。**暈暈感**，我想。我有很多的規畫，對這間房子、這個房間、慾火焚身的性愛，還有跟S一起分享的強勁苦澀的咖啡，但那些規畫現在似乎都無法觸及，就好像那些規畫只存在其他人的人生中。

我穿著S一件件過時且寬鬆的T恤，才能感覺自己被他吞沒，被他圍繞著，但這些衣服都只提醒了我自己有多寂寞。S會傳訊息或打電話給我，但我並不想聽到關於他的一天或他的工作發生了什麼事。我會尖酸刻薄地結束我們的通話，然後馬上後悔自己製造出我們之間的緊張感。我沒有意識到，我想從S那裡得到的和我媽想從我這裡得到的是一樣的東西：想要有個人能夠陪她一起住在她的痛楚之中。

幾週後，我想起那個在妙佑醫療國際醫院裡熟練帶領著父母的那個版本的我，我決定自己來重鋪樓上淋浴間的磁磚，試圖讓自己甩開暈暈感。前面幾位屋主留下的酒紅色磁磚看起來單調又陌生。我研究了步驟，在購物車裡加入滿滿的工具，考慮著磁磚的樣式。**這就是如何將屋子變成自己家的方法**，我想著，**你得自己打造出來**。我和S爭論，他說我應該要用一個叫做金剛石鋸的工具才能做這件事，接著我全然放棄了這個計畫。

我根本不是建造者。這個房子反而變得一團亂。我停止清理流理台上的咖啡粉末，停止丟掉花瓶裡枯萎的花朵。如果我打翻了什麼東西，我就讓它在那邊留下污漬。螞蟻開始占據房子裡的各個表面。我一點也不在乎了。

當我的老朋友芭芭拉，一個真正的照顧專家、一位幼兒園老師來拜訪我時，她在那間單調的浴室裡的浴缸中放水，然後倒進一袋硫酸鎂瀉鹽。她點燃蠟燭，然後刷洗各個表面，很接近又不會太過靠近。**這本來應該是S要做的事情**，我憤憤不平地想著，過了片刻又想，**不對，這本來是我應該要做的事情**。

因為芭芭拉的敦促，我們才一起南下看我媽媽。「如果這能帶給你一些平靜，為何不做呢？」她說。我開得很快。當我們抵達那裡時，我媽並沒有起身離開白色的沙發。落地的擺鐘在牆上響著，前院草坪各式的綠色植物在外頭變換形狀。當我將臉頰貼上她的時，她的皮膚仍然柔軟且細緻。我可以看得出來，她因為我不是自己一個人來而有些不開心。她告訴我們她想要待在室內避開陽光，所以我們關上了門。我坐在客廳裡我媽的椅子上，讓我的雙腳抵著白色的磁磚變得冰涼。

芭芭拉引導著聊天內容，她先問了我媽的療程狀況，然後才開始講述自己的生活和家庭。我媽很快就累了。「因為化療的關係。」她說，「女孩們，我就是真的好累。」她的眼皮變得沉重，她的下顎鬆弛。當她睡著後，我們就離開了。我在回程的路上打給S，但我不知道要說些什麼。

那晚，芭芭拉宣布我們要來看一部電視影集，她保證我真的會很喜歡。她用一條毯子裹著我，泡了熱茶，然後將我的腳擺在她的大腿上。我的臉感覺鹹鹹的、浮腫且泛紅。芭芭拉挑選了一集。五個男人出現在電視螢幕上：維修工人們來修理另外一個男人的屋子，也修復了他的人生。我的胸口因為熱茶而暖了起來。那個男人向攝影機訴說，他的妻子才剛過世。我們兩個馬上就感覺到了一股沉重且堅定的悲傷，就是那種像個巨大泡泡飄浮在我爸媽房子上的悲傷，那股悲傷也同樣盈滿於那個男人的屋子裡。芭芭拉看著我：「幹。」

我大笑，笑到停不下來。

* * *

我媽在醫院待了十六天，她跟我說，她只想吃那種上面有著各種配料的烤馬鈴薯。

於是當我跟S到了一間高級餐廳時，我單獨點了一份烤馬鈴薯。他對著我大笑，「真會點。」他說，然後親了親我的臉頰。我正在大快朵頤吃著馬鈴薯時，手機螢幕亮起，我爸傳來了一封訊息：一幅畫。這幅肖像裡有我媽呈現光頭的樣子，一道自信的筆觸描繪出她的頭頂，一道完美的新月形狀。

我爸的一幅幅素描殘忍地傳送了過來。沒有任何事先警告，有超過一個月的時間，那些畫作每天任何時刻都會被傳送到我的手機來。其中一幅畫中我媽正在睡覺，她的頭靠在枕頭上，她的雙頰浮腫且雙眼像一對黑洞，看起來像是死了一樣。我想要叫他不要再傳這些令人痛苦的肖像畫過來了，想跟他說我沒有辦法承受這些，但是我沒有。如果我不接收這些畫作，那麼這些畫作能去哪裡呢？

我爸除了傳給我這些他的畫作和斷斷續續的短訊息以外，並不常和我溝通。那些短訊息令人費解，而且那些文字的發音唸起來像是刀在猛刺一般。我是他的日記，他在計算著他所謂被「軟禁在家」的日子。「第十七天。」他傳訊息給我。「第二十天。」

一個早晨，在某個那樣的訊息傳來後，我嘗試讓自己再次入睡，但明亮的太陽光已從我臥室的窗戶流淌進來。我想著那個我從小長大的房子，喬治亞式風格的窗戶和裸露的金黃棕色梁木，小小寶藏遍布每一處角落。

裱框畫作、木頭天花板、白色的牆、書櫃，沒有額外的空間，涼快的陰影。一幅影像浮現：我在客廳裡，坐在白色沙發上，往外看著霓虹綠色的草坪。一條很粗的管子從窗格中降落，吸附在我的脖子的一側，像是一條動脈一樣。我突然明白，這是我媽給我的愛。

我媽出院之後，我傳了一首詩的連結網址給她，那首詩的作者是瑪吉・皮爾西（Marge Piercy），詩名為〈我母親的身體〉〈My Mother's Body〉。「最重要的是，這個！」我寫道，知道她可能會覺得自己沒辦法讀完整篇詩。

我抱著你，像抱著胚胎一樣。
就像你曾經那樣地抱著我。

我複製不同段落的詞句貼在我手機的記事本裡，儘管有一段縈繞在我腦海裡揮之不去，但我永遠不會與她分享：

我們是從何轉向？我們害怕著什麼？
我是否真心認為你可以將我放回體內？
我是否認為我能夠落入你的懷抱，

就像墜入熔爐，被重鑄一般，
然後我便將會變成你？

芭芭拉離開的那天，我被白色的光圍繞著醒來，接著我刻意大步走上階梯，到那個有著前屋主遺留磁磚的浴室。我拉起浴簾，芭芭拉掛在蓮蓬頭上的尤加利樹葉還留在那邊，我深深吸了一口氣，然後打開水龍頭。

我下定決心要照顧我自己，也下定決心要讓這棟新房子有自己的家的感覺。

這個浴缸不夠深，無法將我整個人淹沒，但我的身體找到了合適的位置，用溫暖的水將自己包裹著，只要我能躺在正確的位置：仰躺著，雙膝朝兩邊張開。我的肌膚變得光滑又滾燙。我向上看著光線從淋浴柱最上方的窗戶爬了進來。這並不是我選的磁磚，我想，然而現在這已經沒有關係了。

交易

Transactions

二〇一四年，我當時的經理人伊凡告訴我，那個《華爾街之狼》（*Wolf of Wall Street*）背後的億萬富豪資助者，提出支付我兩萬五千元美金的報酬，要我陪他去看超級盃美式足球賽（the Super Bowl）。收受兩萬五千元美金的酬勞去參加一個一般人得存錢才能付得起門票錢的活動，這是我聽過最荒謬的事情了。我一直到近期才開始看到像那樣的巨額數字被不斷提及，而且都是只有我需要花很多時間跟精力的工作才有那樣數字的酬勞，像是連日十二小時拍攝又不間斷、很少休息的那種工作。我也只參加過一些有酬勞的公開曝光行程，而那些都能製造話題和推銷商品。這次的不一樣。伊凡向我解釋劉特佐（Jho Low）這個人「就是喜歡身邊圍繞著有名的男人和女人」，而且到時候也會有其他的名人出席。「只要是任何有名氣的人都跟他有這樣的交易。」他向我保證。「他就只是那些亞洲來的瘋狂富豪之一。」伊凡說劉特佐的錢都來自家族財富。輕鬆賺錢是個全新的概念，而且從一個有這麼多錢的人身上拿錢，又只要這麼少的回報，讓人感覺自己幾乎像個狠角色。

我上網搜尋沒查到什麼有用的資訊，只看到幾張他看似大汗淋漓和芭黎絲·

希爾頓（Paris Hilton）一起在夜店的照片，還有一些他製作公司的含糊簡介。

「我確定里奧會去，還有其他一堆你也會知道，或是，呃，認得出來的人。你知道他們的電影在下個月的奧斯卡金像獎入圍五項大獎嗎？」我看得出來伊凡對於要跟這群人一起去看超級盃的想法感到非常興奮。

「我不需要，嗯，做任何**特別**的事，對吧？」我問道。去超級盃現場是我唯一的任務嗎？還是其實他們有其他更多隱藏的期盼？伊凡告訴我，他向劉特佐的聯絡人堅持要求說要陪我一起去。（另外一個問題是，到底誰的工作會是打電話給名人的經紀人，然後要求他們收錢跟你老闆一起去參加活動啊？）「只是為了確定你能覺得自在。你介意我也攜伴參加嗎？」我不介意。我知道伊凡跟我一起去是為了當監護者或保護人，但他到底是為了什麼需要保護我呢，我就不太確定。他可以獲得那筆酬勞百分之十的抽成，那筆費用會事先匯款過來。「我會確定星期五之前那筆錢就會匯進來。」伊凡保證說。

我想不起來西雅圖海鷹隊（Seattle Seahawks）是跟哪一隊打了，但我記得我爸前一天才在電話裡跟我說那應該會是一場「精采對決」。我從來不關心美式足球賽，但我爸很熱衷。當我跟他說我要去的時候，他大喊大叫道：「啊，艾蜜莉！我好嫉妒你喔！」

那時是二月，我才剛從西岸移居到東岸，根本沒有一件合適的外套能在冬天戶外看足球賽穿。我的模特兒經紀人成功透過關係幫我打電話預留了一件盟可睞（Moncler）的白色夾克。那件外套只開放租借一個週末，星期一一大早就得還回去。「不要沾到任何東西，不然他們就會要你賠錢，他們會**大賺一筆**喔。」她警告我。

伊凡建議我為了比賽雇用一組專業的妝髮團隊，但我決定不要花那筆錢。我沒找專業團隊，反而自己嘗試複製出他們幫我在出席紅毯活動時做的妝髮：我化了比平常更濃的妝，將一段粗製濫造的髮片固定好，接在我頭的後方。那裡不會有攝影師，所以我只是在為一個人梳妝打扮：那個神祕的劉特佐。

我們收到指示到廣場飯店（the Plaza）集合碰面，到了那邊我們馬上被帶上一輛巴士。關於其他賓客，伊凡說得很對：有兩位是我從沒見過面的知名模特兒，一位以近期登上《運動畫刊》泳裝版雜誌封面聞名，另一位以擔任維多利亞的祕密的天使出名。還有幾名男演員，他們的保鑣隨侍在側。這群人剩下的其他人則看起來像是在幫劉特佐工作。

他是最後一位登上巴士的人，穿著羽絨外套。儘管我已經在網路上看過他的照片，我還是很驚訝他本人看起來有多年輕，感覺還不到三十一歲。當他矮小圓胖的身形向下移動穿越走道，伊凡跳起來把我介紹給他。裝得很興奮的樣子也是這工作的一部分嗎？我鼓起一些熱情。

「真的很感謝你邀請我來。」我向他說道，對著他微笑。

「是、是，當然、當然。」他點點頭然後分心地笑了笑，然後往後走，找了個位子坐下。

突然幾輛警車和警用摩托車出現圍住了巴士。車內喇叭放著饒舌音樂，伊凡向我解釋我們正被警察護送到體育館，以避開車潮。「這城市直接關閉了一條大道讓付得起的人享受這樣的特殊待遇。」他大笑著，搖搖頭。「很瘋狂，對吧？」

「這是唯一的辦法。」一個矮小的男人插了進來，向我們介紹自己叫作里扎。「我跟劉特佐一起製作《華爾街之狼》。」他說道，然後坐在走道另一邊的位子。

當我還是青少年時，財富對我來說是很抽象的概念。我大概知道我爸媽的收入，但我對錢的多寡根本毫無頭緒，甚至一年前還問我媽四萬美金是不是足夠讓一個人負擔一年開銷的合理數字。「如果要活得很**舒適**，那金額確實是不夠啦。」她告訴我，但沒有進一步闡述。我還搞不太清楚，我家鄉那些富爸爸們和像劉特佐這樣的億萬富翁之間的差異到底在哪裡。對我來說，有錢人好像沒有分層級，有錢就是有錢。

我十四歲開始自己賺錢。我認為永遠不要欠別人錢是一件很重要的事。高中時，我跟一個我根本沒興趣的男孩出去約會，我付錢就是想確定我不用再跟他出去一次，或是像我最害怕的，要是欠了他得用性來償還。我當時還沒有駕照，所以我很擔心約會對象來載我的話，我得要償還，所以我提出要幫他支付油錢。我在我們吃飯的墨西哥餐廳掏出一大疊現金。「真的，這沒問題啦。謝謝你超級好心地來接我。」我說道。付錢讓我覺得自己獲得了控制權，我為自己沒有要負責的義務而感到驕傲。

＊＊＊

之後我搬到洛杉磯開始全職工作，那裡有個叫做伊莎貝拉的女孩，她跟我有相似的外貌：濃密的咖啡色眉毛和深邃的五官。儘管我們兩個都是十九歲，我總覺得自己比伊莎貝拉更成熟。她說話的聲音柔柔的，而且很害羞，總用她長長的頭髮蓋住身體。我們很常在模特兒徵選會上見到彼此，也因為彼此都獨自住在一個新城市的寂寞，關係變得緊密。她告訴我，她最近開始跟她室友克蘿伊，一個大約一百八十三公分高的金髮模特兒一起去夜店。「你有空也應該跟我們一起去。」她提出邀約。

我泡在夜店的夜晚屈指可數，但我知道自己並沒有特別享受那些時光。我不喜歡他們播的音樂，或酒飲灑在我光著的腿上，或總是有人好像在偷摸我。儘管如此，拒絕認識新朋友的機會好像也滿傻的，我當時渴望在洛杉磯展開成年人的生活，於是我們就一起做了下週的計畫。

我們約在一間日本料理店見面，那間店比起洛杉磯更有在拉斯維加斯的感覺。我告訴克蘿伊跟伊莎貝拉說我很緊張，因為我早就弄丟了我的假證件。克蘿伊笑著向我保證：「你不需要擔心任何像那樣的事情啦。」

一個矮小、大約三十五歲上下的男人穿著黑色鈕扣襯衫在餐廳私人包廂門口向我們打招呼，親了親克蘿伊和伊莎貝拉。我當時很驚訝，我以為我們是要跟我們年紀相近的人一起出去玩。他給了我一個大大的微笑，然後向我介紹他是「薩沙，是克蘿伊的朋友」，他告訴我，我可以盡情享用自己想吃跟想喝的。因為對包羅萬象的調酒菜單不熟悉，所以服務生來幫我點餐的時候，我腦袋一片空白，於是我點了一杯龍舌蘭日出（tequila sunrise），一種我記得我媽喜歡喝的調酒。石榴糖漿的甜膩讓我感到噁心。一盤又一盤蒸騰的餐點戲劇化地出現在一張長桌上，未成年模特兒們魚貫而入，臉上掛著緊張的笑容，薩沙站起來迎接她們。

「你們需要什麼呢，女士們？」他每次都會這麼問，並向一位服務生示意。他熱情亢奮又焦慮不安，沒辦法靜靜地坐著。

「在幹嘛呢？薩沙！」一位穿著厚底跟鞋和皮製夾克的女人大喊著，搖搖晃晃地走進餐廳私人包廂。薩沙跳了起來：「金！你總是那麼美耶。」

金大概跟我們年紀差不多，但很明顯與眾不同，她自信且從容，是這裡的老手。她雙臂鬆鬆地環繞著薩沙，將她的下巴貼在薩沙的脖子彎曲處，然後眼光掃視桌子旁邊安靜的年輕女孩們，估量著我們，眼神從一個人跳到下一個人。

「那些人就快到了。」她輕聲地說，從他身邊離開，然後找了個位子坐下。在那不久後，薩沙向大家宣布是時候該走了。長桌上仍堆滿一盤又一盤的食物。當我仍坐著等待帳單送來時，伊莎貝拉向我低語說道：「不用啦，不用、不用！我們直接離開就好了。」知道會由某個人幫我們付錢時，我感到一陣不安。

餐廳外，薩沙將我們指引到幾輛黑色休旅車旁，然後叫我們「跳上車」。當我爬進車內，一手壓住我的短裙，讓它不要飛到我臀部上方時，我看到一群大約四十幾歲的男人已在車子裡面。「你好。」一個高大的光頭男人說道，他太巨大，讓座位看起來好像太窄小，而他巨大的手放在一位矮小、蒼白女人的大腿上，她看起來只比我大幾歲而已。「這是我的未婚妻。」他說。她無精打采地揮了揮手。在後座，一名蓄鬍、肥胖、鼻子還油油的男人大叫道：「嗨女孩們，來開派對囉！」

在夜店時，那些男人不斷叫我們抽古柯鹼，他們背對著舞池用鼻子吸食古柯鹼。他們點了幾瓶酒，穿著黑色迷你短裙、有著濃濃眼妝的女人們將酒端來，那些酒瓶送來時還有閃亮亮的火焰。那些男人抓住我們的身體，然後不斷灌我們一口口烈酒，嘴上跟唱著粗俗的流行音樂，對著空氣伸出拳頭。但是大部分時候，我跟伊莎貝拉都站在包廂附近，幾乎沒有對著音樂搖擺，也沒有說什麼話。我注意到克蘿伊也在一個角落無精打采。我們三個應該是成功地在某個時刻離開了那裡，因為隔天我在伊莎貝拉的房間裡醒來，頭痛欲裂地看著一封簡訊：「昨晚太好玩了！話說，我是薩沙，要存我的電話喔。」

在那之後，我開始慣性忽略薩沙每週傳來的簡訊，每次都是不同版本但差不多用意的訊息：「嗨寶貝，星期四，今晚出去玩樂前，我們在信日本料理餐廳（Nobu）吃大餐！一定很讚，快開車來。」當我跟其他模特兒提到他時，她告訴我薩沙就是個派對推銷員。

「他有你的電話號碼啊？那他就會不斷傳那些簡訊給你，他不會放棄的，女孩。那些有錢男人付錢要他負責搞定模特兒。他們總是用豐盛的晚餐開啟夜晚的活動，所以那些沒賺什麼錢的女孩們就會來吃一頓免錢的飯。」

這整個狀況讓我毛骨悚然，但是當薩沙傳訊息給我、克蘿伊和伊莎貝拉，說有個要去科切拉音樂節（Coachella）的免費旅行，包含音樂節門票、住宿和搭乘豪華巴士開去沙漠時，我又過於興奮而難以拒絕。我們三個仔細地研究音樂節演出順序，然後圈出我們想要去看的表演。

科切拉音樂節要價不菲。就在前一年我才和我最好的朋友一起開車到那邊，連續兩個晚上將座椅打平，睡在我的日產汽車裡，車子就停在一間飯店的停車場。每天早上我們會花十元美金去吃飯店自助早餐冷掉但蓬鬆的雞蛋。我們溜進音樂節，然後在開車回家的路上，我們在我車子前座下發現一張舊的星巴克禮物卡，用它買了貝果和奶油乳酪。那次旅行很好玩，但現在我可以去啤酒花園的貴賓區，還能到各場演唱會的第一排，光是這樣想像就讓我有種長大了的感覺。

「我的意思是，如果我們是一起去就會沒事的啦。」伊莎貝拉傳訊息給我。我們在想我們可以忽視那些男人，然後好好利用他們安排的旅行占些便宜。

當我們離開洛杉磯時，遇上動也不動的塞車車潮。整個派對巴士加上薩沙大概有十五個人，車上裝有紫色的霓虹燈，還有一個裝滿冰塊和一瓶又一瓶酒的酒吧。薩沙將音樂放得很大聲，沿著走道走著，再去裝些酒，然後笑容滿面。最後，就連那些最熱情洋溢的女孩看起來都累壞了，我們盯著自己的手機，一名高挑、有著濃密黑髮和滿是鼻音的模特兒走過來，坐在我旁邊。

「所以你知道那個大光頭好像是某個王子，對吧？」她陷在椅子裡，長長的雙腿延伸跨越走道。她穿得就像是七〇年代的人：長裙、短身上衣和好幾條堆疊的手環。「明顯是個他媽的超級有名的人。但是，對，我聽說他和他的未婚妻喜歡大搞三人性愛。」她笑著，然後一邊重綁她繞在前額的彩色絲質手帕。「所以他們，呃，總是在找女孩來玩三人行。」

當我們終於抵達那棟我們要住的沙漠中巨大的西班牙式房子時，我們已經塞在車陣中大概快六個小時，然後我們都已經累個半死準備要去上床睡覺了。薩沙突然像發狂一樣，要我們保持清醒。「女孩們！快看看這間房子有多屌！」當我們走進房子前廳時，他大聲尖叫，然後抓住我們，指示我們往後院的泳池走去。

「快去享受夜間游泳！」在屋外，我們看到王子和他蒼白的未婚妻在按摩浴池裡，跟一位我從沒見過、肩膀寬闊的男人一起。我們不自在地站在泳池邊緣，欣賞著房子。一些女孩換上了泳裝，然後進到水裡。當我脫掉外衣，露出我一直穿在牛仔短褲裡的比基尼時，我感覺到王子的視線正注視著我的身體。

「好。」他說，輕推了他的朋友。「我一直對像這樣的東西很感興趣。」他指向我。「像你這樣的女孩，你想要改變你身體的哪一部分呢？我是說，有什麼是你很在意的東西嗎？」他們兩個一起看向我，我整個人僵住。

「我不知道。」我回答道，內心不斷想著我到底有什麼地方想要改變的：一個小一點的鼻子、長一點的雙腿。他啜飲了一口他的酒，然後注意力轉到了其他地方，因為我沒有隨之起舞而感到無趣。儘管我有一點怕他，我還是感覺有一股奇怪的失落感。有權勢的男人總會對我有那樣的影響力：他們讓我想要被注意到，但又想要消失不見。我看著王子笑著，按摩浴池的燈光由下方打在他的臉上，映照出怪誕詭異的陰影。

我走進屋內，那個蓄鬍、有著油亮鼻子、我在洛杉磯見過的男人，正在廚房放著超大聲的音樂和倒酒，他戴著太陽眼鏡和一頂粉紅色的帽子，帽子上還黏著巨大的兔子耳朵。我看到他時，小聲地笑了出來，他向上看，然後聳聳肩。「要來加入我嗎？」他看起來有點傻傻的且自嘲著，這讓我有點喜歡他，或者說，至少讓我沒那麼害怕。我套上了一件連帽上衣，然後坐在凳子上，將我的膝蓋抬起靠近我的下巴。

「吃點巧克力吧。」他邀請地說著：「那裡面有迷幻蘑菇（mushrooms），也許也有一些搖頭丸（MDMA），大多只是讓身體興奮放鬆而已。」他弄斷一小塊，然後丟進他的嘴裡。「這很香醇，相信我，你會感覺很棒。」

我惴惴不安，但我知道這巧克力不會比跟王子待久一點的時間還糟。我咬下一小口，然後打開一包洋芋片，他則在吧台上吸食古柯鹼。他告訴我他老婆和小孩以為他在沙漠裡參加週末的瑜珈靜修。

「他們根本想不到，他們以為我是來充電療癒的。」他咕噥地說，然後彎下腰又去吸另外一條古柯鹼粉末。「你知道嗎，我最近才跟一個女孩上床，她早上比我還早醒來，吹她的頭髮還化了妝，然後再爬回來我身旁，假裝她一直都在睡覺。」口水從他嘴裡噴出。

我想著那個女孩，想著她有多希望能讓他留下好印象，讓他早上起床後第一件事就是看見自己像是天生麗質。

我的眼睛幾乎快要闔起來了，下顎因為一直磨牙而覺得緊繃，可能是因為緊張，或是因為嗑藥，我不確定。伊莎貝拉從泳池那邊走進屋內，小聲地說她發現廚房外有間房間，裡面有張加大雙人床，我們可以跟克蘿伊一起睡在那邊。因為希望不被發現地溜走，我們踮起腳尖慢慢地走，然後在巨大到可笑的前廳內找到我們堆疊在一起的包包，將它們拿進臥房裡。在我們關上門前，泳池傳來的音樂聲響越來越大聲。克蘿伊面朝下地躺在柔軟的床上。伊莎貝拉刷了牙，而我換上運動褲，希望我們已經成功脫逃。

但薩沙幾乎是立刻就找到了我們，他打開了我們的門。「這是怎樣？克蘿伊！」他抱怨著：「克蘿伊，醒醒！」

克蘿伊是個派對女孩，但她不是可以被頤指氣使的人。「太累了啦。」她埋在枕頭裡咕噥著。他皺著眉看著我和伊莎貝拉，知道我們更不可能重新回到派對現場。

然後金，那個薩沙在洛杉磯餐廳裡非常親切招呼的女孩突然出現在他身後，什麼也沒穿，只穿了黑色的繫帶比基尼。他轉向她，語調變了。「好吧。」他突然嚴肅地說，「記得我們說過什麼嗎？我需要你過去，然後在那裡做你該做的事。」她快速地點了兩次頭，然後什麼也沒說，旋轉了一圈就消失在我們眼前。

「按摩浴池時間！」我聽見她大聲唱著。薩沙看起來累壞了。他用手摩擦著他的脖子和頭部後方。我安靜地關上門，然後想著剛剛到底看到了什麼。薩沙是金的老闆嗎？還是他們是合夥人？她究竟又被期望去哪裡和做什麼呢？

那晚我根本睡不著，我擠在克蘿伊和伊莎貝拉中間，我們三個蓋著一條聞起來很陳舊、有別人味道的毯子。我想到那個按摩浴池粉色和綠色的光線交叉變換著，光線打在王子的臉上，他的身體在他嬌小的未婚妻身旁看起來像是怪獸一般巨大。我突然發現去年在破爛飯店停車場裡睡在我的車上，我還感到比較安全。伊莎貝拉和我根本就錯了，根本沒有什麼免費送我們一程。

＊＊＊

在超級盃比賽現場，我很驚訝地發現我借來的盟可睞夾克根本是多餘的，我們沒有坐在戶外的座位台，而是在一個室內套房，約在體育館一半高度的地方，完善地備有暖氣、完整的酒吧、幾位服務生和擺滿豐盛的佳餚。

一位奧斯卡得獎男演員和他的女友進來短暫地停留，讓整個房間後方熱鬧了一些。劉特佐很安靜，但是當男演員開始提高音量、四處交際時，他臉上綻放出微笑；我腦海中突然浮現國王被小丑娛樂的畫面。我在想劉特佐到底付了他多少錢，然後想到我們每個人的酬勞都在某個下屬的電腦裡被計入帳本。好幾個小時過去了，大家看著自己的手機，低頭垂肩地坐在自己的座位上。我以前根本沒發現原來比賽時間這麼長，在喝了一杯葡萄酒和來回走到自助餐吧台好幾趟之後，我開始覺得無聊而且筋疲力盡。劉特佐自己看起來也沒什麼熱情，茫然地盯著前方。我想著，他究竟是不是真的喜歡美式足球？

比賽快結束的時候，房間後方的男人們站了起來，然後伊凡回報說我們要前往一個賽後派對。我很訝異也很失望，因為我一直在期待能夠趕快結束這不自在的一天。我問伊凡他認為我什麼時候可以離開，他看了看時間：「可能再過幾個小時吧，我們去看看，再做決定。」我一直被提醒著，我並不能如我所願地自由來去，我現在是算工時的。

派對現場音樂震耳欲聾，燈光昏暗，兩層樓的酒廊垂吊著紅色絨布幔。在上樓到小酒吧之前，我小心翼翼地先將借來的夾克放在一張椅子後方，確保沒人能把酒精灑在上面。大約過了一小時左右，伊凡終於示意我已經待得夠久，可以走了。我環顧四處，是誰放我走的呢？我將加了水稀釋的龍舌蘭酒放在桌上，然後下樓去拿我的外套。

我朝著出口走去時，經過一群正在跳舞的人。我看到劉特佐的臉漲紅而且滿身大汗，他喝醉了。他的前方出現一排烈酒酒杯，酒杯裡裝著金色的酒，他拿了兩個杯子，遞了其中一個給那個維多利亞的祕密的模特兒。她一直忽視我和其他賓客，將她的注意力持續放在劉特佐身上。現在她的眼睛牢牢地盯著他，看著他喝下他的那口烈酒，她也像他一樣誇張地向後仰著頭，只為了快速地將酒越過她的肩頭倒掉。當他再度面向她，她的眼睛閃閃發光，然後那對知名的酒窩浮現在她雙頰。**媽的！**我想著，**這個手段也太高明了吧**。她大笑著，轉向背對著他，然後膝蓋彎曲，用她的臀部去摩擦他的褲襠，劉特佐的臉洋溢著滿足與快樂。

當我踏出門外，走入寒冷的夜晚之中，我才終於明白我和她是用多麼不同的想法來看待這一天。對她而言，這是一次機會；對我來說，我完全忽略了自己被雇用來展現那沒人明說的任務——去娛樂那些付錢讓我出現在那裡的男人們。

我喜歡認為自己與她或是金那樣的女人不一樣。但時間一久，我越來越難堅持那種區別，或甚至越難相信其中的美德。我看著模特兒和女演員們，靠著和有錢、有名氣的男人們約會或結婚來確保自己經濟上的成就和事業。那個維多利亞的祕密的模特兒最終嫁給了科技巨擘億萬富豪，其他和我一起出道的模特兒只要嫁給流行明星或跟成功的男演員扯上關係後，就會看到她們的事業戲劇化地突飛猛進。她們原本以為自己永遠不可能登上《時尚》（*Vogue*）雜誌封面。有了一場婚禮和一只巨大鑽石戒指後，這些畫面就能出現在各處的報紙攤上：功成名就的另一半雙臂輕柔地環抱著那位模特兒。這個世界總為那些被有權勢的男人選中的女人喝采，並給予她們獎賞。

我不禁想著是否那些女人才是真正的聰明人，正確地玩著這世界的遊戲。不可否認地，我們都無法完全避免參與這場遊戲：我們都得想些辦法賺錢。所以她們是大發橫財的人，那我呢？我究竟又算是什麼呢？我在Instagram上發布那些富豪們擁有的保養品及服飾品牌付費的廣告，而我對於商品化自己有形的存在這件事也不陌生，在商店開幕和派對上，站在那些穿著西裝的執行長們旁邊擺弄著各種姿勢。我不也正像她們一樣在大發橫財嗎？我不也正處於一樣妥協讓步的範疇之中嗎？

那次超級盃後又過了幾年，我跟這世界上的其他人一起得知，劉特佐根本不是出身超級有錢的家族。因為有馬來西亞總理（里扎的繼父）的幫忙，劉特佐從馬來西亞政府盜竊掏空億萬元，並把錢送進自己管理的基金會裡。

他現在是國際逃犯，被馬來西亞、新加坡和美國政府通緝。聯邦檢察官扣押了他將近十億美金的資產，那些資產幾乎都是利用他盜來的公款買的：房地產、遊艇、藝術作品和娛樂事業（一億五千萬美金被投入《華爾街之狼》）。李奧納多．迪卡皮歐（Leonardo DiCaprio）本人也被贈予了畢卡索（Picasso）和巴斯奇雅（Basquiat）的作品，兩幅畫都被繳回給聯邦政府。

超級盃過後一週，劉特佐幫那名維多利亞的祕密的天使辦了一場豪奢的生日派對，還送她一條愛心形狀的鑽石項鍊，上面刻著她的名字縮寫。那條項鍊要價一百三十萬美金，這也和其他劉特佐買的東西一樣，都是從劉特佐的基金會洗錢來資助的。最終，她必須得繳回價值共約八百萬美金的珠寶。其中一個他送給她的禮物是一台透明的小平台鋼琴，而這沒有被押回，因為那台鋼琴實在太大了，根本沒有辦法從她的屋子裡拿出來。

買回我自己

Buying Myself Back

我媽的前夫吉姆（在我滿八歲以前一直以為他是我舅舅）為我專門設了一個谷歌快訊（Google alerts）。每次當我的名字出現在新聞裡時（如果你能稱那些八卦網站內容為「新聞」的話啦），他就會立刻收到電子郵件通知。雖然吉姆只是好心，但他那個人老愛大驚小怪，他希望與我保持良好的關係，而那些快訊通知讓他有了完美的機會能與我聯繫。

當我與一位朋友和她的狗走在湯普金斯廣場公園裡，一邊啜飲著咖啡時，我的手機亮起，顯示了吉姆的名字。「我看到你要被告了，我的建議是……」他開始分享。吉姆是律師，他太習慣別人總是打電話給他要求法律諮詢，因此總會滔滔不絕分享他的意見，儘管根本沒有人問他。「我猜成為公眾人物後，在這個圈子就是會遇到這種事情。」他又在接下來的訊息中寫道。

大概吧，我想。

我在長板凳上坐下，搜尋我的名字，然後發現我真的要被告了，這次是因為我在我的Instagram上發布一張我被狗仔隊偷拍的照片。隔天，我從自己的律師那邊得知，儘管我非自願地成為那張照片的拍攝對象，我卻無權掌控他們要如何處置那張照片。律師進一步解釋，這場官司背後的負責律師已經連續提出好幾起像這樣的控訴，案件甚至多到法庭將他貼上「著作權蟑螂」的標籤。「他們要求十五萬美金，作為你『使用』那張照片對他們造成的損害賠償。」她告訴我，沉重地嘆著氣。

在那張照片裡，我抱著一個超巨大的花盆，完全遮住了我的臉。我在諾荷區裡我的舊公寓轉角附近的花店，為我朋友瑪莉的生日買了那些花。那些花是我挑選配置的，我從花店的各式桶子中挑選鮮花，然後一邊告訴櫃檯後的小姐，我朋友要過四十歲生日。「我想讓這個花束能夠看起來像她！」我說道，並拿起一把檸檬葉。

我喜歡狗仔隊拍的那張照片，但並不是因為那張照片把我拍得很好，照片中完全無法認出我，只看得到我光著的雙腿，和那件我當時穿著的寬鬆老式粗花呢西裝外套。狂野的花束取代了我的頭，就好像那束花長出了纖細的雙腿，還穿上骯髒的白色球鞋——一束鮮花走在水泥街道上，自己散步走出城外。

買花的隔天，我在網路上看到自己在照片裡的樣子後，將照片傳給瑪莉，寫道：「我希望我自己的頭真的是一束鮮花。」

「**哈！**我也是。」她立刻就回覆了訊息。

幾個小時後，我將照片發布在Instagram上，在照片上面放上白色粗體全大寫的字，寫著「永遠的狀態」。自從因為〈模糊界線〉走紅後，狗仔隊就會埋伏在我的大門外。我已經習慣有高大的男人突然從車子間出現，或從附近各個角落跳出來，原本應該是他們臉的地方被黑色玻璃鏡圈取而代之。我發布那張我用花束作為掩護的照片是因為，我喜歡它說明了我和狗仔隊之間的關係，而我現在卻要因此被告。我已經變得更熟悉於透過狗仔隊的鏡頭來看我自己，甚至比看鏡子中的我還熟悉。

而我也學到了，我的影像、我的鏡像，都不屬於我自己。

好幾年前，我和當時的男朋友還在一起時，他和一位在國際間享有聲譽的重點畫廊工作的男人變成朋友。那個藝廊經營者說，我們可能會想要看看接下來藝廊的展出：理查德．普林斯（Richard Prince）的「Instagram畫作」。那些「畫作」其實就只是Instagram貼文的照片，那個藝術家會用他的帳號在那些照片底下留言，然後把照片印在超大的帆布畫布上。其中一張是黑白照片的我：那是一張我側身裸體的照片，我坐著，雙手撐著我的頭，我瞇著雙眼，帶著誘人的眼神。那是拍攝來作為雜誌封面的照片。

每個人（尤其是我當時的男朋友）都讓我覺得，我好像應該要為自己能被收錄在這系列照片裡感到榮幸。理查德・普林斯是位重要的藝術家，而這意味著我應該感激他，因為他認為我的照片值得作為一幅畫作。**這是多麼理所當然啊！**一部分的我也的確感到榮幸。我曾在加州大學洛杉磯分校（UCLA）念藝術，也懂得欣賞普林斯以安迪沃荷的方式來呈現Instagram。話雖如此，我是靠著為照片擺姿勢來賺錢的，所以這一切還是感覺很怪：一位重要且時髦、身價比我高太多的藝術家，理所當然地從我的Instagram貼文隨意取走一張照片，然後當作自己的作品來賣。

那些畫作喊價到八萬元美金一張，而我男朋友希望可以買下我的照片。那時我才剛賺到足夠的錢能付一半的頭期款來買下我和他的第一間公寓。他想要擁有那幅畫作的欲望讓我感到受寵若驚，但我並沒有和他相同的欲望想要擁有那幅作品。我或是他需要付錢來買回我自己的照片，這對我來說很奇怪，尤其那張照片是我已經張貼在自己的Instagram上。一直到那個時候，我都還覺得Instagram是我唯一能夠控制如何將我自己呈現給這世界的地方，一個我擁有自主權的聖地。如果我想要每天看到那張照片，那我大可看我自己的Instagram頁面就好了啊。

我男朋友大失所望，因為他的藝廊朋友在幾天後傳簡訊告訴他，已經有一位知名的收藏家想要那幅作品。

我是透過一群不同的人認識那位藝廊經營者的，而且已經見過他本人一次還兩次，所以不久後就得知那幅作品究竟發生了什麼事。那幅我的巨大影像就被掛在他紐約西村的公寓沙發上面。

「那感覺滿怪的欸。」我的一位朋友說道，跟我描述那幅畫作是如何被掛在那位藝廊經營者的家裡。「他，呃，就好像坐在裸體的你下面。」

我們後來發現，普林斯其實有創作另一幅我的Instagram畫作，那還可以購買。那幅作品重製了我第一次登上《運動畫刊》的照片。那次拍攝我被支付了一百五十元美金，當雜誌刊出之後，他們又多付了一些錢來「使用」我的照片。那系列的照片我大多都很厭惡，因為我看起來根本就不像我自己：妝太濃、接了太多的假髮髮片，而且那些編輯還不停叫我假笑。不過有幾張我身上有顏料的照片我是還滿喜歡的，因此從中發布了一張到我的Instagram，而普林斯後來就是重新利用那張照片作為他的「畫作」。

普林斯在那則貼文底下的留言還包含其他幾個人的留言一起被放在那幅畫作下方，他的留言暗示著他幻想和我一起待在沙灘上的一天：「你對我說了實話。你失去了『⚓』。沒有痛楚，沒有怨恨。現在陽光正好，又完全變成勁量小兔兔了。」那則留言這麼寫道。我喜歡他的這則留言遠勝於他留在另一幅黑白照片下的文字，他在那底下問道：「你是被青少年男孩們在科學實驗室裡打造出來的嗎？」

當我得知我跟我男朋友有機會可以收購這幅作品時，我突然認為：我至少得要擁有那幅畫一半的所有權，這對我而言變得很重要。我們決定直接和藝術家購買那幅作品，並各自平分一半的花費。我喜歡收集藝術作品的這個想法，而普林斯的作品似乎是個聰明的投資。但最主要是我無法想像，掛在我家裡的東西，我卻沒有所有權。而我知道我男朋友將這視為某一種戰利品，是他努力爭取而來的東西。**我應該要懂得感激**，我想，**就跟他平分吧**。更何況我才二十三歲，還沒賺到夠多的錢能隨心所欲地花八萬美金在藝術作品上面。

作品送達的時候，我被激怒了。我在網路上看到其他主題的Instagram畫作都附有贈手稿當作購畫的贈品，是幾幅尺寸更小一些、最終版作品的草稿。於是我男朋友詢問了藝術工作室，幾個月後，約六十公分的黑白「手稿」終於抵達了。那是跟我們買的大型作品不一樣的照片，但我仍有種勝利的成就感。

大約一年半後，我們的感情結束，我猜他已經不想要那幅帆布畫作了（那是張超大幅我的照片，而我現在是他的前女友），所以我們開始分配我們共有的東西，包含我們一起買的那幅藝術作品。用另外兩幅藝術作品跟他交換後，我獲得了普林斯那幅作品的所有權。

幾週過後，我才突然意識到我沒有收到那幅工作室寄給我的黑白手稿，我在半夜突然直挺挺地坐起身來，在床上半夢半醒，下顎還緊緊地咬著。我的前男友說他「沒有想到那個」，而且他已經將那幅作品放進倉儲中了。我們透過電子郵件來回討論，直到最後他說我必須要付一萬美金給他作為那幅手稿的交換，那個價格是他從「他所知的市場價格」訂出來的。

「但那是一幅給我的禮物！」我寫道。

我聯繫普林斯的工作室，想看看他們能不能提供我某些證明來澄清或協助，想看看他們能否幫助我讓我的前男友放棄這荒謬的贖金。經過我的聯繫後，他們向我保證會聯繫他，並向他確認那幅手稿是普林斯給我的禮物，是他只給我一個人的。但我前男友並沒有好好回覆這個聲明。

所有這些男人（有些我親密地認識，有些我完全沒見過）都在爭辯到底誰能擁有一張我的影像。當我正思考著我到底還有什麼選擇時，突然間想到我的前男友，我們交往了三年，他手機裡存有無數張我的裸照。

我想起幾年前發生的某件事，那時我二十二歲。我當時沐浴在洛杉磯白色的陽光下，躺在泳池邊，突然一個朋友傳給我一個連結，連結導到4chan網站上的討論版。我的私人照片和數以百計其他女生的照片將被流出發布到網路上，因為被網路釣魚詐騙盜用帳密駭入蘋果雲端（iCloud）取得。4chan討論版上有一則貼文，上面列出會被發布裸照的女演員和模特兒們的名字，我的名字也在其中。泳池的水面在陽光下閃閃發亮，幾乎要閃瞎了我的眼睛，而我瞇著眼不斷滑著那個名單，十個、二十個、五十個女生的名字，直到我終於找到我自己的名字。它就在那裡，一行純文字，就像以前班級點名會看到的那樣列著，那麼簡單，就好像沒什麼特別的意思一樣。

那一週接近週末時，照片被釋出公開給全世界。那些照片原本是只給愛我的那個人、那個我跟他在一起覺得安心的人，那些照片本是基於信任及親密而拍攝，現在卻被瘋狂分享轉發，並在網路討論版上被議論，甚至被評點「辣」或「不辣」。

作家蕾貝嘉・索尼特（Rebecca Solnit）曾經寫過隨著色情報復一起被傳遞的訊息：「你以為你是個會思考的個體，但你卻只是具身體。你以為你能夠作為公眾人物生活，但你的私生活卻在此將你毀滅。你認為你有力量，那麼就讓我們摧毀你吧。」我已經被摧毀了，我在五天內暴瘦四・五公斤，一週後，我的一大束頭髮掉落，頭部後方留下了一個完美的圓形，露出白色的頭皮。

於是隔天我就將錢匯給了我的前男友。我不認為再經歷一次我經歷過的苦痛後，我還能存活。我用一張照片交換數以百計艾蜜莉照片的安全，而那張照片是從我的平台奪取而來，而且被製作成別的男人珍貴而重要的藝術作品。

我將那幅巨大的Instagram畫作、那張《運動畫刊》拍攝的影像掛在我洛杉磯新家一面明顯的牆上。當人們來拜訪時，他們會衝到那幅作品前，然後大叫道：「喔！你竟然有那系列作品的其中一幅！」

我的客人會雙臂交疊研究那幅畫作，閱讀普林斯的留言，然後微笑。他的留言上方有另外一位不知名用戶的留言，他們常會轉過身來問我知不知道那留言是什麼意思。「那是德文嗎？」他們會大聲地自言自語，並瞇著眼睛看。

最後，因為已經有夠多人問我那個問題，我決定自己來翻譯那個留言。

「那是在說我的乳房看起來有多垂。」我告訴我老公，我現在跟他一起共享那間房子。他走向我，然後用雙臂環繞我的背，輕聲說道：「我覺得你很完美。」我感覺自己全身僵硬。我早就已經學到，就連我相信著的男人所給的愛和欣賞，都可以扭曲變形成占有欲。我想要保護我自己的影像，保護她，保護我自己。

下一次又有某個人問我關於那個德文留言的問題時，我說了謊，說我不知道那是什麼意思。

＊＊＊

二〇一二年，我的經紀人告訴我，要我買一張從賓夕法尼亞車站到卡茲奇山的巴士車票，到了那邊會有位叫強納生・雷德（Jonathan Leder）的攝影師來接我，並補貼車票錢給我。她告訴我，我們會在胡士托拍攝，幫一個我從沒聽過的名為《大流士》（*Darius*）的藝術雜誌拍照，而我也會在他家住一晚。這種方式被業界稱作無償編輯，意思是內容會被刊登在雜誌中，而獲得「曝光」就是我的報酬。

當時我跟我的經紀人一起全職工作已經將近兩年，她從我十四歲時就認識我了，那時我才剛開始我的模特兒和演藝工作，然而她一直到我滿二十歲時才開始更嚴肅看待我的事業。而我也開始更認真地看待我的事業：我從加州大學洛杉磯分校休學來當模特兒，而且也滿固定地在工作。我開了一個個人退休帳戶（IRA），然後用我賺的錢付清了我第一年也是唯一一年的大學費用。我那時並沒有進行任何高級或重要的拍攝工作，大部分是在幫電商如Forever 21和諾德斯特龍（Nordstorm）工作，但當時我的薪水已經比任何在當服務生或零售業打工的朋友都還要好了。我感覺到自由：我無需面對像我朋友的老闆那樣的混蛋，也無需負擔學生貸款，可以更常自由地旅行和在外面吃飯，並且可以隨意做任何我他媽喜歡的事。感覺好像我以前根本就是瘋了，竟然曾經認為學校比較有價值，珍視學校勝過這樣的經濟安全感，我的模特兒工作開始給予我經濟安全感。

當我上網搜尋強納生的作品時，我看到一些他用影片拍的時尚編輯作品。**有點無趣**，我記得當時我那麼想著，**有點潮**。他的Instagram大部分是他家的照片，還有少數奇怪且復古的照片，譬如拍攝一位看起來非常年輕的俄羅斯女人，有著明顯的隆乳植體。**滿怪的**，我想，但我看過更怪的，**也許這些就只是他放在Instagram上的東西罷了？**他在谷歌上的作品倒是看起來空靈且美麗。酷，我覺得不需要再探查更多了，更何況我的經紀人全權掌控我的事業：我依照她說的去做，作為交換，她應該要幫我拓展我的作品版圖，好讓我接到更多帶薪工作，並奠定我在這個圈子裡的地位。如同約定好的，強納生到胡士托的公車站來接我，他個子瘦小，簡單地穿著牛仔褲和T恤。他看起來明顯對我不感興趣，眼神都沒有與我交會，開著一輛老舊的車載著我途經一條條兩旁都是高大雜草的街道。他表現得像是那種緊張兮兮、神經質的藝術家類型，和我那時候見過的其他「時尚」攝影師都不一樣，那些男人通常都是洛杉磯的爛人，技巧性地挑染頭髮，整個人聞起來像是甜膩的古龍水。

我當時穿著一件背心並將背心前端紮進我的高腰短褲裡，車子行進時，我看著自己大腿上金色柔軟的毛在陽光下閃閃發光。強納生從未正眼看我，但我記得感覺自己像是一直被監看著一樣，我注意到我們兩個有多麼靠近、我的身體，以及他從駕駛座方向看過來我可能顯現出的樣子。他越是如此冷淡，我就越想要證明自己值得他的關注。我知道要建立好的名聲，最重要的是要使這些攝影師印象深刻。**他覺得我聰明嗎？有特別漂亮嗎？**我想著所有其他一定也曾來過這個卡茲奇山的巴士站，並坐在這台車內的年輕模特兒們。

當我們抵達強納生的房子時，有兩個小孩子坐在餐桌前。我手足無措地站在門口，因為穿著極短的短褲而感覺自己太過年輕，非常尷尬，甚至不像個女人，就像我自己也是個孩子一樣。我注意到牆上時鐘顯示的時間：**再過一個半小時天色就會變暗，那我們今天還要怎麼拍攝啊？也許我們是明天很早的時候才拍**。我想著。我的手往上抓住我後背包的背帶，然後將身體的重量從一邊換到另一邊，等待著指示。當化妝師抵達屋子時，我感覺一陣放鬆感席捲而來，化妝師接著到餐廳餐桌前，那兩個強納生的小孩旁邊，開始布置化妝工具。她的年紀看起來比我大一些，而且很安靜。在她抵達後，我感覺自己更加自在，現在有其他成年人在這邊，另一位女生，我覺得自己那股想要知道該如何自處、該如何回應強納生的冷漠的壓力終於被卸下。

那位化妝師布置完成，然後開始幫我的臉上妝，同時強納生則在廚房煮晚餐。他遞給我一杯紅酒，而我因為緊張，以及想要看起來比現在更加成熟、更加聰明，我接過酒杯並快速地喝下。我喝了好幾大口，化妝師則在我眼皮上塗抹黑色厚重潮濕的眼線。我在我的大腿上打開蘋果手機的前置鏡頭看看她幫我化的妝。她正在讓我看起來更加漂亮，改造我，讓我成為符合強納生美學的版本。當他將老派的內衣放在廚房椅子上時，我開始抓到他想要我成為什麼樣類型的女孩。我的經紀人沒告訴我這會是穿著內衣的拍攝，但我不太擔心，我先前已經接過很多內衣的拍攝。我可以想像她明天傳訊息給我，告訴我：「強納生愛死你了。等不及要看那些照片了！愛你。」就像她在其他場合傳給我的一樣。

在化妝師就要完成我臉上妝容之際，強納生的小孩被某個沒有進屋子裡的人接走。他煮完飯之後，強納生、化妝師和我圍坐在餐桌上吃義大利麵，就好像我們是個小家庭一樣。他說著關於他「瘋狂的」前妻和他與一位「瘋狂的」女演員外遇的事，那位女演員現在二十一歲（我注意到她比我大了一歲）。他告訴我他婚姻的崩壞，還有那位主演強納生當時在拍的短片女演員過來和他們住在一起。他展示了一些裸體的拍立得照片給我看，他在他們外遇時拍攝的。她在強納生的照片裡看起來很脆弱，儘管我看得出來她試圖想要裝得很強壯、像個大人，她的臉方正對著鏡頭，下巴微抬，頭髮完美地遮住一隻眼睛。

「沒有人能把她拍得更好了。」他越過他的肩頭說道，而我正一張張抽換著看那些拍立得照片。

那時我體內某個東西轉變了，我看著那些照片的同時變得想要與之較勁。**這個男人拍過那些女人，但我想要展現給他看，我是她們之中那個最性感、最聰明的。我是最與眾不同的**。我咬著我的下唇，伸手將排好的那疊拍立得照片交還給強納生。

我在想他平常將這些拍立得照片放在哪裡呢？這些照片是否全一絲不苟地被貼上標籤，放在他閣樓裡某處巨大的文件櫃中？用墨水寫著年輕女孩的名字，依序放在指定的抽屜裡？我腦海突然浮現停屍間的畫面。

天色變暗，我的頭髮上還纏著髮捲，我喝完我的第三杯紅酒，嘴唇被染成紫色。我已經習慣攝影棚不尋常的配置，但我從未處於像現在這樣的情況。我確保自己不要吃得太多，強納生默默地又幫我的酒杯裝滿酒，而我也持續地喝著酒。在這個模特兒圈子裡，我已經被教導要替自己贏得認真且好相處的名聲。「你永遠不知道他們以後會幫誰拍照！」我的經紀人總是這樣提醒我。我們稍快地吃完晚餐，然後我幫忙將碗盤拿到水槽，強納生則負責洗碗盤。「謝謝你，晚餐很好吃。」我有禮貌地說。我轉身，然後靠在流理台上打開我的手機。強納生冷笑道：「你們這些女孩們和你們的Instagram。你們根本就是上癮了，我不懂耶。」他說，搖了搖頭，然後用毛巾將盤子擦乾。

化妝師幫我擦上亮紅色的口紅，然後我換上了高腰的粉紅色內衣套裝。我們走上樓上的臥房開始拍攝。我坐在一張古董的黃銅床架上，雙膝抵著褪色的花朵圖案床單。當強納生拍了第一張拍立得後，我向他解釋模特兒工作對我而言就只是用來賺錢而已。「當經濟瓦解，而我開始獲得更多工作機會，我認為在我還有辦法的時候就多做一些模特兒工作這滿合理的。」我說道。我很習慣用這番言論來定義我自己，尤其常對男人們說。「我並不蠢，我知道模特兒工作是有期限的，我只想多存一點錢，然後再回到學校去，或開始弄點藝術或隨便什麼的。」

強納生檢視著拍立得照片時，皺著眉頭。「你們女孩最後總是花太多錢在鞋子和包包上。」他說：「這並不是認真存大錢的方法。」

「我不買包包的。」我微弱地說道，但我開始懷疑自己。我被他這樣輕易否定我的人生計畫而嚇呆了，然後開始驚慌失措。**要是他真的是對的，那該怎麼辦？要是模特兒生涯真的到了盡頭，而我會一無所有，我該怎麼辦？**

他暫停，然後轉身，默默地走回到樓下廚房。我跟在他的後面，光著腳，還穿著那套內衣。他將拍立得照片全數攤開在桌上，然後抓了抓他的頭，檢視著照片。我從他的肩膀後方偷看那些照片。「這些就都有點……無聊和僵硬。」他說道，並嘆了口氣。「也許擦掉紅唇，然後弄出一頭亂髮。」他朝化妝師揮了揮手，然後到流理台開了另外一瓶葡萄酒，幫他自己和我又各倒了新的一杯。化妝師用她的指甲在我的頭皮上粗亂地摩擦，把我的捲髮弄得蓬鬆。當我們接著走回樓上時，我感覺一股酒精的酸在我的胸膛燃燒。

當他對我說「我們現在試著裸體看看」時，他轉過身背對著我。

我先前就曾拍過幾次裸體照片，也總是男人拍攝的。我被無數的攝影師和經紀人說過，我的身體是讓我能在同群模特兒中顯得突出的其中一環，我的身體就像我的超能力一樣。我對於裸體很有自信，我並不害怕，而且以此為榮。儘管如此，當我脫下衣物的那一秒，一部分的我卻抽離了自己。我開始漂浮在我的身體之外，看著自己爬回到床上。我拱起我的背，噘著唇，專注地想像自己從他相機鏡頭裡可能看起來的樣子。相機的閃光燈太亮，而我已經喝了太多的葡萄酒，巨大的黑點開始擴張，在我眼前漂浮著。

「《愛卡莉》（*iCarly*）。」強納生說道，一邊笑著一邊拍。我只看得到他的嘴巴，他容貌的其他部分都被相機擋住。那是一齣尼克兒童頻道（Nickelodeon）的劇名，我曾經在高中時期參加兩集的拍攝。

我將內衣穿回，然後我們走回樓下，強納生走在我前面，他用拳頭抓著拍立得照片，然後將照片丟在餐桌上。我的臉因為葡萄酒而發燙，我的雙頰發熱且抽動著。他細看那些照片，然後變得興奮，他將一張照片舉起靠向他的臉，然後又任由它往下墜落。

「你知道嗎，我以為你會更大一些，一個大女孩。」他說，當他拾起另外一張拍立得照片檢視時，他的眉頭皺在一起。他說在我們見面前上網搜尋了我，他看到某一張拍攝的照片才留下了那樣的印象。

「你懂的，大骨架，胖。」他半笑著。

「對，我不是。」我說，笑著。「我其實真的、真的很小一隻。」

我知道他在說哪些照片，那是我模特兒生涯比較早期的相片。我恨死那些照片了，而且我也恨死拍攝那些照片時的感覺，我恨死那些造型師評論我的身體，說我永遠不可能當上時尚模特兒，而我也知道，儘管我從未承認，我當時拍攝的時候比較不在乎自己的體重。那時比較自由，當時的我更享受食物，也沒去想太多我的屁股形狀看起來怎麼樣。因為我不需要，我那時沒有像現在如此依賴模特兒工作。

我喝了一口葡萄酒：「我們接下來應該要拍什麼？」

時間彷彿被包覆在強納生客廳裡溫暖的黃色檯燈光線中，復古的內衣垂掛在發霉的、印有鮮花圖案的扶手椅子上。進入深夜，我開始流汗、變得疲憊且眼神模糊，但我仍下定決心要拍好。我喜歡每換一套「造型」，在繼續拍攝前就先查看強納生拍下的前幾張拍立得照片，依據其調整我的姿勢和身體。當我喊出「喔！我喜歡那個！」的時候，我感覺到他毛髮直豎，有些微怒。

「但這個比較好。」他說，將一疊拍立得照片拿在他胸前，並輕彈著其中一張照片，讓我可以快速地看一眼。「這張有夠讚，都是因為你的乳頭。你的乳頭改變好多，從堅硬變得柔軟，但我喜歡它們看起來很巨大的時候。」他說道，然後打開他的手機，展示給我看一張女人的古董照片，那女人有著巨大的乳頭。「我很愛它們很大的時候。」他告訴我：「巨大且誇張。」他看回他的手機，然後他的嘴角微微上揚。我沒說話，點了點頭，我覺得很困惑，但總覺得他刻意想要污辱我，我感覺自己的胃在翻騰。

當化妝師宣布她要上床去睡覺時，我完全不知道那時候已經幾點了。我想不起來我們那時是不是已經停止拍攝，只是一起在看拍立得照片還是怎樣的，但我很確定她已經受夠我不斷裝腔作勢地與強納生應答。我記得她嘆了口氣的樣子，然後轉身離開我，消失在視線中。當她的存在消失於客廳時，我整個人變得僵硬。我很氣她就這樣離開我，但又不想對自己承認她的存在讓這一切有所不同。**我能獨自搞定他**。我想著，**反正她不過就是個掃興的人**。我直挺挺地坐起，說話開始變得快速又大聲，因為灌了太多甜葡萄酒，我過於興奮，感覺自己超級清醒，當然同時非常、非常地醉。

接著，我只記得自己處於一片漆黑之中。

黃色的燈光被關掉，然後我很冷，發抖著，在一件毯子底下縮成一團。強納生和我坐在他的沙發上，他粗糙的牛仔褲材質摩擦著我光著的腿。他正在問我交往過的男朋友的事，我的嘴裡像是有很多粉末一般乾燥，但我記得自己仍不斷地在說著話：關於我的約會歷史、哪些是我真正愛過的男生，而哪些對我而言根本無所謂。當我說著話時，我恍惚地摩擦著我的雙腳，也摩擦著他的腳，試圖尋求溫暖。他告訴我，他喜歡「你現在這樣在用腳弄的事」，我明確地記得那一刻，比其他任何事都還要清晰。我這輩子都是這樣摩擦腳來安撫我自己的，我憎恨他這樣評論，我也憎恨，有時候，甚至現在，每當我又因為冷、害怕或是疲憊而摩擦雙腳時，我就會想到強納生。

接下來發生的事大部分印象都很模糊，但我的感覺卻很清晰。我不記得有親吻，但我確實記得他的手指突然放進了我的體內。越來越用力，然後手指不斷深入地推擠，從來沒有人那樣觸碰過我，在那之後也沒有。我可以感受到我自己的形狀和我的背脊，那真的、真的很痛。我本能地用手抓住他的手腕，然後用力將他的手指拉出我的身體。我一個字也沒說。他突然站了起來，匆忙無聲地上樓走進黑暗之中。

我用自己冰涼的手掌觸摸著我的前額，然後用鼻子呼吸。我感覺堅硬的老沙發材質抵著我的背。我的身體又累又脆弱，我不斷地用手背撫摸自己身體的各部分——我的手臂、我的胃、我的臀——可能是想要安撫那些地方，或者也許是想要確定它們都還在那邊，還連接在我身體剩餘的其他地方。一股強烈的頭痛開始重擊我的太陽穴，我的嘴變得很乾，乾得我幾乎無法將它闔上。

我小心翼翼地站起來，用光著的腳踩在地板上。我沿著木頭階梯爬上去，到我們晚上一開始拍攝的那間臥房，然後躺在薄薄的花朵床單上，無法控制地發抖著；我既因強納生不發一語地離開而感到困惑，也因害怕他會回來而感到恐懼。我仔細地聽著他的動靜，然後看著破曉的藍光從窗戶外射進來。我想到強納生的女兒。**她通常都睡在這張床上嗎？**我想著。

不久的早晨，我醒過來，帶著慘烈的宿醉。我快速穿上我前一天穿著的衣服，然後注意到自己的雙手在發抖。到了樓下，強納生正在泡咖啡，那位化妝師早就起床、換好裝，駝著背坐在馬克杯前。強納生並沒有因為我出現而有太大的反應，「你要咖啡嗎？」他問道。我的太陽穴抽痛著，「當然好。」我隨口回答道，打開Instagram，強納生已經發布了一張前一晚拍攝的拍立得照片。

他簡單地寫著：「愛卡莉。」為照片下註解。

直到我坐在開回城市的巴士上，我才發現強納生根本沒有付車票錢給我。

幾個月後，我的經紀人收到一本巨大、厚重的雜誌，裡面印有拍立得照片。我們拍了幾百張，卻只有幾張被收錄在裡面，大部分都是黑白的照片。

有幾張是那晚我指給強納生看我最喜歡的，我很慶幸看到他做了有品味的編輯，而我竟然荒謬地認為，他說不定是記得我喜歡哪幾張照片，而挑選出了那些照片。好幾年過去，我將那些照片和強納生都塞進我記憶深處。我從未告訴過其他人發生了什麼事，我試著不去想發生過什麼。

那次拍攝後又過了幾年，我接到一通從一間知名雜誌社打來的電話，詢問我是否能夠讓他們幫忙我推廣我新出的寫真書集。

「什麼書？」

那時我已經出演了大衛・芬奇（David Fincher）導演的《控制》（*Gone Girl*），並且登上很多國際雜誌的封面。當新聞報導刊出了一本用我名字出的新書，那本書的封面全白，上面只有用粗體黑字寫著「艾蜜莉・瑞特考斯基」，讓很多家媒體直接聯繫我，他們認為自己很慷慨地要來幫助我推廣我的新作品。

我感到很困惑，因此上網搜尋我的名字。而它就在網路上：《艾蜜莉・瑞特考斯基》，那本書售價八十美金。有些照片強納生有發布在他自己的Instagram帳號中，那些是他拍我最裸露、粗俗的拍立得照片中的一些。

我面色鐵青且暴怒，關於那本書的新文章報導，伴隨那些照片，每個小時就會出現一篇。當我讀著那些在強納生頁面上，熱切想買書的讀者留言，我的手指發麻。他的追蹤人數一飛沖天，而那個@帝國出版（@imperialpublishing）的帳號追蹤人數也暴增，我花了一些時間搜尋才發現那是一間強納生個人出資成立的出版公司，僅僅只為了出版這本書而成立的公司。

我想著這會對我的演員生涯造成什麼樣的傷害。每個人都在告訴我要避開

「性感」，如此才能被嚴肅看待，但如今整本有著上百張我照片的書被發表，其中有些是我拍過最妥協、最性感的照片，那本書還開放大眾購買。而且從網路上的言論來看，很多人相信這整個事件都是我搞出來的。畢竟，我，是擺拍那些照片的人。

我的律師寄出停止並終止信函：一封給強納生臨時成立的出版公司，一封給下東區的一間藝廊，那間藝廊宣布要為那些拍立得照片辦一場展覽。我的律師爭論說強納生根本無權使用那些照片，這樣是超出了雙方同意的使用規範。當我同意跟強納生進行拍攝時，我只同意讓照片被印到原本要使用的雜誌裡面。那個藝廊投書《紐約時報》（*New York Times*）作為回應，他們告訴報社他們有我簽署的模特兒同意書。而當時我已經停止和先前的經紀人合作，因為她離開了這個產業，但是讀到這篇報導時，我驚慌地打電話給她。

「我從來沒有簽過任何文件，你有嗎？」我問，試著喘口氣平復自己的呼吸。經紀人代表模特兒簽署模特兒同意書是相當常見的事（一個非常無法令人接受的傳統），但我知道她並不是隨便的人；不過話又說回來，她也正是那個把我送去強納生家的人，我突然感到相當害怕。如果當時我跟強納生在進行拍攝時，我並沒有受到保護，那是否又意味著，這幾年數以千計，甚至數百萬張其他我拍攝過的照片是否都沒有受到保護呢？我開始回想起我早期模特兒生涯不計其數的拍攝，4chan照片外流至今不過才兩年，我發現自己正在觸摸著當時那塊我頭髮掉落之處的頭皮。

「我會檢查我舊的信箱伺服器。」她向我保證：「但我幾乎百分之百肯定我並沒有簽署任何東西。」

隔天她轉寄一封郵件給我，那是拍攝過後幾天，經紀公司寄給強納生要求他在模特兒同意書上簽字的信件。她說她並沒有收到任何的回信，也沒有收到他回簽的文件。「而我也沒有簽署任何他寄給我的東西！！！」她寫道，所以根本就沒有任何的同意書。

當我的律師打給《紐約時報》，並讓報社知道無論強納生或藝廊說他們有什麼文件，那些文件都不存在，但律師卻被告知強納生有「提供一份同意書的影印本」是我之前的經紀人簽署的，我整個人被嚇到了。

我和我的律師隔天與我之前的經紀人通話，她很確定她根本沒有簽。「那一定是捏造出來的文件。」我的律師說道。我感覺越來越挫折，我知道我根本沒有簽任何東西，我從來沒有同意任何事，也沒有人問過我。

「我能做些什麼？」我再次詢問，但用了比較微弱的聲音說道。我仍對我們的司法體系保有信心，我當時認為司法體系是用來保護人們防止落入這樣的處境之中。

然而在美國，司法正義或者甚至追求正義這件事的問題就在於花費，巨額的花費。只不過和我律師的書信與電話來回四天，就讓我累積了將近八千美金的帳單。儘管我的確擁有名氣，我卻尚未賺到我跟強納生說有一天我希望能賺到的那一大筆錢。我從朋友們那裡聽說，強納生是個富家子弟，他甚至這輩子都不需要任何薪水。我爸是個高中老師，我媽是個英文老師，在我的人生中，沒有人能讓我衝過去一把抓住並幫我負擔起所有費用。

隔天，在另一通又要付費的電話中，我的律師告知我，進行這場官司除了龐大的費用外將會徒勞無功。就算我們真的在法庭上「贏」了，那也只代表我將會獲得那本書的所有權，如果我夠幸運，或許能夠要求百分之幾的獲利抽成。

「那些照片現在都已經曝光了，網路就是網路。」他根據事實客觀地說。

我就這麼看著《艾蜜莉．瑞特考斯基》銷售一空，然後再版一次、兩次，然後第三次。「再版即將發行。」強納生在他的Instagram帳號上公告。

我在推特發文指出這本書侵權，指出他如何濫用我的照片來賺錢，卻未經我同意。獨自一人躺在床上，我用我的拇指滑著手機查看一則又一則的回覆。

那些回覆有夠無情。

「濫用？這就只是另一齣名人想要獲得更多關注的戲碼。這根本就是她希望的結果。」

「你大可以一直穿著你的衣服，這樣你就不會再有這些困擾了。」有個女生這麼寫道。

「我不確定為何她會想要阻止她的粉絲看這些拍立得照片。」強納生在一場訪問裡說道。我多希望自己可以消失不見，逃得遠遠的。我的體內疼痛，我開始有了在白天睡覺的新習慣。

在下東區的藝廊為強納生拍攝我照片的展覽辦了開幕式，我在網路上搜尋活動的照片。我的名字被用黑字寫在牆上。那個場地被擠得水泄不通，他們必須讓大門打開暢通，才能讓人群一路排到人行道上。我看著照片裡男人們的側身，拿著啤酒、穿著潮流風衣，就站在我裸體照片的幾公分旁，仔細地欣賞整齊裱框的照片時，他們駝著背，愚蠢的軟呢帽往後翹起。我實在無法相信，就算我公開大力地抨擊反對，卻還是有這麼多的人出席展覽活動。我公開評論那些照片，卻只幫那個展覽、那本書和強納生吸引了更多的關注。我在Instagram上封鎖了所有和這事件有關的人，卻不讓自己哭出來。每當有任何人向我提到那本書或那場展覽時，我都只是搖搖我的頭，虛弱地說道：「太慘了。」就好像我是在說別人的人生一樣。（當這篇文章與我合作的事實查核團隊聯繫強納生，想詢問拍攝後那晚發生的事時，他說我的指控「太俗氣且太幼稚，不值得回應」。他還說：「你真的知道我們到底在說誰對吧？這是在情色藝術雜誌《款待！》〔*Treats!*〕裡裸體的那個女孩，而且當時還在羅賓．西克的影片中脫光光四處蹦蹦跳跳。你真的想要讓別人相信她是個受害者？」）

好幾年過去，強納生出版了第二本我的寫真集，然後第三本，他也在同一間藝廊裡辦了另一場展覽。我偶爾會在網路上查看他的近況，我幾乎覺得像是在查看一部分的自己，那部分的我現在被他占有。這幾年，當我正在打造我自己的事業時，他將那個艾蜜莉藏在他那間嘎吱作響的老房子裡，等著將她當作妓女賣了。看著他對他偷走的那部分的我做了什麼事，簡直令人頭暈目眩。

我找到他的一則新的長篇訪問，看到標題時胸口一緊：〈強納生．雷德揭露他拍攝艾蜜莉．瑞特考斯基的細節（內容不適合上班看）〉那篇文章從他描述我們怎麼一起拍攝的開始，成功地讓自己聽起來像是一位受歡迎的攝影師，而我只是那些不知名模特兒的其中一員，渴望能跟他一起進行拍攝。「我在當時的職涯中已經和超過五百位模特兒合作過。」他說：「我可以告訴你，艾蜜莉．瑞特考斯基是我合作過的模特兒中，對她的身體感到最自在的模特兒之一。她既不害羞也不會自卑，說她享受裸體可能還不足以描述。我不知道是不是裸體讓她感覺被賦予權力，還是她就是享受這樣的關注。」

我想著相同的問題，感到暈眩。真正被賦予權力的感覺到底像是什麼呢？是像感受到被渴望嗎？是引起他人的關注嗎？「我們討論了很多關於音樂、藝術、模特兒產業，和整個創作過程。」強納生在訪談裡說道：「她是個很好聊的人，非常聰明且很會說話，還很有文化。在我看來，那超越其他任何的事物，讓她有別於其他的模特兒。」我想到自己在強納生客廳地毯上的感受，當我擺姿勢和談論著藝術創作時，地毯的材質摩擦著我的肌膚，然後我感覺到一股深深的羞恥。我對自己保證，我再也不會再搜尋他了。

二〇二〇年底，強納生再度出版了一本寫真書，這一次是精裝版。我經常站在我的廚房盯著那幅巨大理查德．普林斯作品裡的自己，想著我是不是應該賣掉這幅作品，然後把錢用來打官司。我可以試著強制要求他停止出版他的那些書，我可以在法律戰鬥中糾纏他，然後讓我們兩個都被榨乾。然而，我卻未能說服自己再花更多我的資源在強納生身上，而那些花掉的錢會是值得的。最終，強納生會用完他那些大家「還沒見過」的厚框拍立得照片，但我仍然會是那個真實的艾蜜莉，那個擁有高尚藝術的艾蜜莉，也是那個寫這篇文章的艾蜜莉。只要她能夠找到辦法，她就會持續為獲得掌控權而奮鬥。

潘蜜拉

Pamela

一

如往常，S遲到了。

在我們約會的第一個月，S就宣稱他保證會讓我總是能知道他人在哪裡。他用手握住蘋果手機，並將螢幕朝外舉起，讓我能夠看到手機畫面。他點擊我的聯絡人資料，然後活潑且刻意地用手指點擊，按下了「分享位置」。

「看吧。」他說：「沒有祕密。」

從那之後，無論何時只要我點開我手機上的地圖，S的照片就會以一個小圖標顯示在螢幕上。

他的這個舉動令我感到驚訝。在所有我想知道關於S的事裡，他每一刻所處的準確位置相對排在名單上很後面，但我仍然將其視為一種奉獻，一種他願意與我分享的象徵，在更廣的意義上來說，他願意與我分享他的生活、他的情緒與他的經歷。

將近三年之後，我發現自己時常用他分享的位置來看他究竟何時才會真正抵達與我碰面，因為他自己的估算時間通常都不準確。

S出生在紐約，也在那裡長大，因此對於行駛於洛杉磯高速公路和這裡的交通模式一點經驗也沒有。

「總之，在下午三點半到晚上八點內的任何時間，你都不要嘗試開去任何地方好嗎？」我向他解釋。

「好。」他說，戴上他的太陽眼鏡，然後快速地給了我一個吻。「我今天行程結束後會再傳訊息給你。」我們在洛杉磯的時候，S似乎總是將時間排得太滿，總是有太多會議、太多電話和太過擁擠的車潮。

這實在太蠢了，真的，因為他要從洛杉磯西邊回到我們在東邊的家，而那場派對辦在西邊，我們又已經遲到了。我查看S的所在位置，他至少還需要一個小時才能到家。在我傳了「你會他媽的遲到超久」的訊息給他之後，我決定要慢慢開始為出門做準備。我倒了一大杯紅酒，沖了個澡，然後用毛巾將我的頭髮包起來。我在眼尾處用眼線勾勒出一對肥大的翅膀，用深紫色勾出唇線，在我的嘴唇上塗抹格外黏膩的唇彩，然後套上一件黑色平口無肩帶洋裝，刻意讓它貼緊我的臀部。

我想穿雙靴子或某雙隨興休閒的鞋子，因為這場派對是S的經紀公司辦的，並不是我公司辦的。我並不想要表現得太過刻意打扮或太性感，因為我知道無論我穿什麼，身處那群人之中，他們都只會把我當作是漂亮而無用的花瓶女伴。但我就是無法找到一雙能適切搭配那件洋裝裙襬的鞋子，於是我只好放棄，改穿上一雙有繫帶纏繞腳踝和小腿肚的高跟鞋。這雙鞋穿了很痛，但在傳照片給幾個朋友看後，我決定它就是我最好的選擇。

從鏡子裡仔細端詳自己之後，我脫掉高跟鞋然後躺在我們的床上。我知道這套服裝比我預期得還要性感，但是對於這電影圈的派對而言，這樣的服裝像是某種保險。好好打扮並扮演大家期望我扮演的角色使我感到自在。**漂亮女生就應該要美豔動人地出現對吧？**我想著，**比起當花瓶女伴，要是被當作隱形人就更慘了，對吧？沒錯吧？**妮姬．米娜（Nicki Minaj）的聲音從我的手機轟然作響：「在我的小褲褲上打一個蝴蝶結，因為我的屁屁就是個禮物。」她唱著。

既然我現在已經準備好了，不如就來拍幾張自拍照。我下巴朝下，舉起我的手機，然後從螢幕上查看我自己，並按下按鍵。一則S傳來的簡訊出現在螢幕裡、我的映像上面：「再十五分鐘，寶貝！這交通真的太瘋狂了。」

我用手指滑過，忽略他的訊息。我選了其中一張自拍照，發布在Instagram上，並打字寫道：「全打扮好了，卻沒地方去。」然後將我的手機丟在我身旁。我盯著天花板，妮姬的饒舌持續唱著。

幾分鐘後S抵達，他笑得很溫暖，法令紋都跑出來了。我看了他一眼，覺得很煩，而他爬到床上來到我身旁。「你遲到了一個半小時，混蛋。這很失禮耶。」我們先前有過無數次這樣的對話，這已經使我感到厭煩。**但反正誰在乎？我有很多時間好好做準備**。我想著。更何況，他現在已經在這裡了，晚一點總比沒來好，而且他聞起來有最棒的那種汗味，正對著我微笑，準備要好好愛我一番。為了這樣就跟他大鬧一場，而且還是正要出發去一場我們會被數百人圍繞的派對之前，到底有什麼意義？我想要我們彼此心靈相通，甚至希望或許能找些樂子，真他媽的。**就算了吧**，我跟我自己說。

「我很抱歉，認真的，好嗎？我搞錯時間了，但我現在已經在這裡了呀，而且我想要回家來看你，也希望能有些時間……」他說道，向上拉起了我的洋裝，視線沒有離開過我的臉。他親吻我的鼻子，我咯咯地笑著，然後皺眉說道：「沒禮貌！」S笑著，開始緩緩從我身體往下游移。

「我看到你就好開心。」他說道，他聽起來太過真誠，我不禁感覺自己被一陣席捲而來的愛意洗滌。

不久後，S躺在我的肚子上，而我用雙臂環抱著他的頭，看著他的捲髮跟著我的呼吸上下起伏。最後他終於起身，然後走進浴室，而我重新綁好穿回我的高跟鞋。當我們一起走出門外，關上所有燈並設定警報器後，我在我的洋裝外披上一件棕色皮製風衣，「我只是不想著涼了。」我告訴我自己。

S經紀公司辦的派對在一位前披頭四（Beatles）成員的超大豪華房子裡。在我們交往前期，我告訴過S我討厭像這樣的派對，而他告訴我，他討厭經紀人們。「他們毫無天份，什麼事也沒做，呃，就是最糟的那種。」儘管如此，我仍難以理解他對電影圈的態度。我看著他用無線耳機接聽電話，一邊大笑著、一邊抽著他的Juul電子菸，我想著：他是被好萊塢迷惑了嗎？還是他就只是操弄整個制度來獲得成功？他講這些工作電話時的聲音對我來說很陌生，就連他的笑都不一樣。想到他也許真的**享受**那些由經紀人、製作人與演員們組成的男孩俱樂部，就讓我心生厭惡。我很訝異有時候看著他工作，自己竟然會感到如此抗拒討厭。**還是這就只是他好好工作的樣子？**我不確定。

搭乘計程車前往派對路上時，我感到很不自在。「嘿。」我跟S說：「今晚不要離開我喔。我是說，當然，我們可以各自有不同的聊天對話什麼的，但就是當我們四處走的時候不要離開我。你懂嗎？」我將一隻手放在他的膝上。

「好，當然。」S回答，親了我的嘴唇。「沒問題。」他看起來很帥氣，低調地穿著一件圓領汗衫和黑色Timberland休閒鞋，他臉上的鬍子長度剛好，襯托出他方正強壯的下巴。

多年前的某一晚，在我和S開始浪漫地約會見面之前，他在一場飯店派對上見到我和一群我的朋友們。「來這裡聊聊。」我記得我傳訊息給他。一切都很隨興，但當他走進門的那一秒，我就知道我有多喜歡他。他那時候也穿著那雙黑色Timberland鞋子，我們結婚時，他也穿著同一雙走進證婚法院。

那晚我喝了很多酒，感覺整個人輕飄飄的，像是在冒著粉紅泡泡。儘管我們沒有一直盯著對方看，但我總能知道S在廳內的哪裡。我可以感覺到他的注意力放在我身上，雖然我快速偷看他一眼時，發現他正直盯著前方和別人說著話。我當時正跟著音樂搖晃著我的臀部，我知道S正在看著我，這時有個男人走向前，要求和我一起拍照。「當然好！」我說，並彎腰將我的酒放下。他很瘦，而且有口音，我猜他是歐洲來的遊客。

我從來就不喜歡，每次有男人和我拍照時，他們就會想辦法吃我豆腐偷摸我，但我已經習慣了，所以我也不確定當這男人的手指扣上我另一邊光著的腰際時，我到底有沒有往後退縮。我的想法是：**要求他們不要碰你只會讓整個互動變得更長，所以幹嘛不忍耐一下就過了？**

「嘿，不要觸摸。」我聽到S從我們後方說道。我轉過身看他，他正靠著一張沙發。他搖了搖手指，皺著眉頭。

「抱歉。」那個男人說道，馬上將他的手從我身上抽開。我從來沒有和一個會以這樣方式介入的男人在一起過。我與S交往前的前任男友都不會在其他人接近我或摸我時替我說話，我猜他可能想要表現尊重，表示他知道我可以自己處理這種情況，而我也總以為自己很感謝他這樣的方式。儘管如此，在那一刻，看著

S全然放鬆但堅定地告訴這男的他媽的給我後退，我想著：**哇，嗯，這很讚耶**。

那之後的幾年，我們交往了，彼此的事業也有所改變。S最近製作的電影被評論家們讚揚，而且票房表現也很好。人們寫著關於奧斯卡獎項傳言的文章，當那部電影被冷落成為遺珠時，S很欣賞的一位重要導演在推特上發文，生氣地表示這是「奧斯卡的不公正」。現在當狗仔隊發布我們兩個的照片時，他們會形容S是「一位成功的製片家」，有時候甚至還會放上他電影的宣傳片連結。這是所有S十年多來努力奮鬥的結果，而我以他為榮。

然而另一方面，我卻決定不再當演員了，至少目前是這麼決定的。我這兩年只參與過兩個角色的試鏡，若從我們開始約會後算起來，這在我參與過的試鏡數量裡算是極少的一部分。「我只想要參與那些我能夠加入製作，或成為電影創作層級中一部分的作品。」我這麼告訴大家，這也是真的；然而另外一個原因，也是因為我真的不再知道我他媽的希望從好萊塢得到些什麼。

圈子裡沒有人知道為什麼我不演戲了，大部分的人都猜想我不是自願的。演員和模特兒不可能想要別的東西，他們想著，每個女人都想因為誘人而變得有錢和有名。我不能怪罪他們會那樣子猜想。幹，我二十幾歲時也大多都是那樣想。

儘管我理性上這麼認為，但我想到還是覺得很煩：這個派對上的人會將我視為輸家，或者不過就是個性感無用的女人。雖然我覺得他們都是混蛋，但沒能得到他們的尊重還是令我感到挫敗。日子好的時候，我會稱那些譴責女人用身體賺錢的人都是性別歧視者；日子不好的時候，我會恨我自己也恨我的身體，認為我這輩子做的每個選擇都是明顯的錯誤。雖然大部分時候，我知道自己是個完整且複雜的人，有想法和點子，也有我想要說和做的事。我死命地想要證明他們全是錯的，我只不過是還沒有得到機會罷了。

我喜歡獲得掌控權，而我了解到作為演員所擁有的掌控權有限。我也真的有好一段時間在與嚴重的憂鬱症戰鬥，而我的憂鬱症，至少有部分原因是我多年來都試著讓自己為了那些男人而變得好懂所造成的，那些男人和S在電話上有說有笑的是同一種。我自己的公司正在成長，而我的模特兒工作也持續能幫我付清帳單。我開始每週兩次進行心理治療，然後將自己視為作家。我知道名氣並不完全如我想像的那樣，名氣並沒有像我以為的那樣讓我感覺自己擁有力量。好萊塢能給我的是什麼還並不明確，它給我的是否能讓我感到滿足，並簡單地獲得快樂？我想要慢慢以某種方式將我自己從好萊塢世界抹除，但這個世界卻是我老公正開始找到自己立足點的地方。

所以我才會在這兒，感覺很淒慘，但仍試著表現出我最好的一面，當個支持老公的好老婆角色。我渴望S能和我一起嘲笑這個派對表現出來的各種荒謬事，但我知道我們並不全然站在同一陣線。

車子在前披頭四成員的房子前停下，我們走進光滑的大理石前廳。我認識的模特兒們穿著閃亮的薄紗洋裝和十三公分高的細高跟鞋，昂首闊步地經過，微笑著、揮著手打招呼，她們的妝髮全都經過專業團隊打理。S和我牽著手朝派對深處擠進去；他空出他的右手，朝無數穿著西裝的男人們伸出手，他們用不同種類變化的「最近怎樣啊，兄弟」和「嘿，恭喜，兄弟」向他打招呼，而我只是微笑著。先不管我和這圈子有著怎樣複雜的關係，當S移動經過滿屋子的人群，這群人在兩年前並不會用同樣的方式理會他，我為他感到驕傲。這感覺一定很好。他投入他生命中好幾年的時間在這部電影上面，投入每個週末、每個夜晚和那些長長的日子。看著他經歷那樣的過程，也教會了我耐心和勤奮。

S領著我到一處角落，他的夥伴和一些其他朋友也都站在那裡。我始終穿著我的外套，並在我腰間緊緊打了一個結固定，完全遮住我的緊身洋裝。我靠著一張高腳椅站著，我的腳已經開始疼痛，片段地聽著S和一位獨立音樂家的談話，喝著我稀釋過的龍舌蘭汽水，品嚐好幾塊萊姆的味道。我能感覺一陣頭痛即將來襲。**不應該穿這雙鞋的**，我想著。然後我又想，**再穿一晚高跟鞋是什麼意思？你之前就曾經這樣過，而且你以後一定又會這樣做**。

S專注在他的談話內容中，沒有放太多眼光在我身上。音樂很大聲，要是其他人沒有靠得很近、貼著你的臉說話，幾乎不可能聽到任何內容。我看著那個音樂家貼近S的耳朵，點點頭、比劃著。我在他眼裡看起來一定很瞎，我想著，半坐在椅凳上，無話可說。**我現在完全就扮演著他期待的模特兒太太角色**，我想著，**我根本就不該來這裡**。

＊＊＊

三個小時過去，我已經拍了好幾張自拍照，也受夠那些持續好像一輩子那麼長的禮貌性、不得不參與的談話。

「所以你現在都在做什麼呢？」他們微笑著問道。

「事實上，我現在正試著在寫一本書。」我說。

「什麼？」他們將耳朵朝我嘴巴靠近，瞇著眼，試圖保持專注。

「一本書。」我重複說著：「我正在寫一本書。」然後他們將頭往後挪開，凝視著我的表情，再次開口說話前思考了一下。

「嗯，是你自己寫嗎？你正在寫那本書？」

「對！」我聳聳肩，就好像在說：**很瘋狂，對吧？拜託，我耶！想也知道不可能**。

「嗯，這滿……酷的。」然後接著用一個解脫似的驚嘆說道：「噢對了！我好**愛**你現在做的比基尼事業！你們現在看起來超成功的！」

「非常謝謝你。」我說，往前微微地點了頭鞠躬：「這真的對我們意義重大。」

「我要再去走一走。」我們其中一人會將這對話結束，然後我會閒逛離開，但最後只是和另外一個人又有相似的對話。

我好累。舞池裡幾個穿著白色鈕釦襯衫的男人鬆開領帶，伸出雙臂，從一邊移動到另一邊，看著他們的伴侶繞圈扭動著。我還沒醉到能做出那種事。況且，我並不是非脫掉我的外套不可，而且我能感覺自己被皮質繫帶綁著的腳很腫脹。S仍在談話中。

我朝他靠近：「你還好嗎？」我說：「你知道我們已經在這裡好一陣子了，現在幾乎快半夜一點了。」我朝廳內四周看去，好像第一次這樣發現：「幾乎都要空了。」我說。

「好啦，好啦。」他喝醉了，我看得出來。「我們可以過去和麥莉與她的經理人打聲招呼嗎？他說我們離開前應該去找他們。」

我嘆了口氣。

「他們就在那邊而已。」S說，他的聲音上揚，指著廳內的對面一側。「來吧。」

大部分熟悉的臉孔都離開了，整個廳內的人都感覺很狼狽且興奮，就像廳裡的大家都喝烈酒喝醉了一般。我們朝人群中移動時，我感覺男人們的眼睛都在我身上。「抱歉。」我說，我們一邊推擠著前進。「不好意思，借過一下。」我一直低著頭。

當S看到麥莉時，他鬆開我的手，並快步往前走去。我的腳太痛了，無法跟上他，或者說我根本不想跟上。在那一刻，兩隻溫暖、潮濕的雙手貼在我背上。

「小艾！」

我轉身看到一個有著黑色粗眉的男人站在我左側，我右側站著一位金髮、表情熱切且流著汗的男人。我被包圍了。另一個人撞到我，冷冰冰的酒精灑在我光著的腳趾上。

「我們可以拍張照片嗎？」金髮男人問，已經拿出他的相機並伸出手。「當然。」我說，同時閃光燈閃爍，我試圖快速擠出一副有禮貌的微笑。

「謝謝，小艾！」他說。S現在距離我大概有三公尺遠了，說著話，露出大大的笑容，他的手熱情地擺動著。我火冒三丈，筋疲力盡又憤怒，我的頭和腳都在抽痛。**我才不要去追他**。我做出決定，並往酒吧的另一側走去，在那裡看見S的一位朋友，他也有幫他的電影工作。

「嗨，奈特！」我向他打招呼，想像S會四處搜尋我的蹤影。**去他的**，我想著，**他大可以自己來找我**。

幾分鐘過後，我感覺到S的手放在我手肘上，我轉過身冷冷地盯著他。我體內有某種東西在膨脹，感覺我要不得賞他一巴掌，要不我就要開始抽泣了。

「你去哪了？」他有點生氣地問著。

「**是你！**」我強調：「是你離開我的！我根本哪裡也沒去。」

他不可置信地搖了搖頭，因著我的憤怒也升起他的怒火，他將手抽開，高舉著。

「別鬧了，艾蜜莉！剛剛根本就不是這樣。」他聽起來幾乎要發狂。我吸入熱燙的空氣，咬牙切齒。

「才不，我走在你後面，然後有兩個怪人抓住我。而你他媽的根本沒有停下來往後看，就直奔那個該死的麥莉．希拉（Miley Cyrus）。我必須跟那些男人一起合照，他們還摸我的背，而我只有要求你一件事。我要求你不要他媽的離開我！」

「你大可以叫他們不要拍照！我不過就離你大概一公尺遠，艾蜜莉。該死的老天。」

「你才沒有在一公尺遠，你在廳內的另一側跟麥莉·希拉打招呼。」

「沒錯！而且她還問**你**在哪裡！她想跟**你**打聲招呼。**你**是她的朋友！」他的臉漲紅。

S深吸了一口氣，然後將他的手放在我的肩膀上。我可以看得出來他試著想讓自己冷靜下來。他正要再說些什麼時，一個聲音打斷了他。

「你們兩個，我可以說一下嗎……」我們轉身看到S的經紀人伯格，他拿著一杯酒，眼神因為酒精而迷濛混沌。

我從沒見過伯格沒穿西裝的樣子，而且跟他也不熟，但我才和他相處短短的時間就足以對他心生厭惡。他總是略過我，只看著S說話。有時候我會告訴自己，我不過就像個婊子，伯格將注意力放在S身上是因為他是他的客戶。但其他時候，我總覺得他沒有特別喜歡女人。至少我很確定他不把我當成一回事，有一次他還曾告訴我，我應該「在我還有名氣的時候心懷感激」。

幾個月前，在另外一場派對上，伯格走向一群正與我站在一起的人。

「好，我只是必須來說說這件事。」他對著整群人宣布，他的眼神放空，視線越過我看去：「我只不過跟某人說了：『不要在這筆交易上強姦我。』懂嗎？」他停下來，用一隻手梳過他的頭髮，他的眼神游移。「然後他們就說：『你可以不要那樣說話嗎？』」他搖了搖頭，然後喝了一口他的酒後說道：「這該死的現在已經變得有夠扯，**他媽的**有夠扯。就像那什麼，我現在都不能說**強姦**了是嗎？」

而現在伯格就站在我們面前，擺明喝醉了，看起來假仁假義。S和我暫停了我們的爭吵，我喝了口酒，試圖將我的憤恨放到一邊。

「你們兩個，就讓我這麼說，」他繼續說道，「我是說，S，在我的職業生涯中，我只有看過五次像這樣的熱度。他媽的五次！而且這不是只有被炒熱而已。」他停頓了一下，又說道：「因為你他媽的超**讚**！」他杯子裡的冰塊撞擊玻璃杯的一側。

「大家都知道你很有名，艾蜜莉，但我總說，S才是那一個，S才是那個……」他的聲音逐漸減弱，又豪飲了一口他的酒，他的鼻子消失在玻璃杯中。

「拜託，伯格。」我說，假笑著：「你以為我不知道這男人有多特別嗎？我嫁給他了耶。」我感受到S的手觸摸著我的背，而我用手臂環繞他作為回應。

「我們才不管其他人說什麼。」我暫停後說道，「其他人的話語都不過只是雜訊而已。」

伯格又再次開口說：「而艾蜜莉，我是說你真的他媽的超有名，但……」

「她**是**他媽的超有名。」S用柔和的聲音說著，幾乎像是在對他自己說。我知道他正試圖傳遞訊號給我，告訴我他很抱歉留下我自己一個人面對那些自拍怪人們。

「對，我是說，聽著，我甚至沒有用社群軟體，而我知道她他媽的多有名。我是說……」他將他的頭扭到一邊，說道：「她就像是感染C型肝炎前的潘蜜拉・安德森（Pamela Anderson）。」

我的身體僵硬，胸口一緊，就好像有人從我脊椎倒了冰塊一樣，寒冷刺骨到像是在燃燒一般。儘管S沒有移動分毫，但我感覺到他整個人直挺挺地站著，在我身旁變得更巨大。他的臉上沒有任何表情，僵硬，眼睛周圍溫暖的線條在瞬間全都消失。

「你現在最好他媽的閉上你的臭嘴。」他說，他的聲音堅定，身體僵直。他先前也對伯格說過無數次這種話，在電話中當他們胡亂地開玩笑的時候，但現在他的表情凝重，而伯格也沒有在笑。

我想要對他說，**你這個性別歧視的爛人，伯格**。潘蜜拉．安德森是一位演員，某人從她家偷走情色錄影帶，並違背她的個人意願將錄影帶散播出去。好萊塢根本沒有認真看待她，這個圈子將她視為性對象，然後把她變成一則笑話，並用她來羞辱其他女人。潘蜜拉背後引伸的意涵是女人具有使用效期。那麼C型肝炎呢？難道我的命運是如此清楚地被注定了嗎？

我想要讓這個愚蠢至極的男人感覺到他有多麼渺小、多不重要。我想要對他說：**你根本不認識我，你從未試著了解我，而且事實上你認為我的名聲和地位都**

是因為我是誘人的女人，你以為這就是我的全部；這樣的想法並不代表我就是你想的那種人，反倒說明了你是哪種爛人。但今晚S是主角，而且這是他從事業最初開始就一起合作的經紀人，他們之間的關係開始得甚至比我們的婚姻還要早很多。S幾乎每天都跟他談話。甚至當天早上，我還聽到他們在討論一個伯格正在促成與HBO合作的夢幻交易。這樣說來，伯格是個有權力且重要的男人。

我對S充滿怨恨，他要我來這個派對，並將我推入這樣的處境中。我想要對他大聲尖叫：**我才不會被這影響！我比這更好！**我想起S是如何步履輕盈地穿越廳內的人群，而這群男人，兩年前才在拍哈維·溫斯坦（Harvey Weinstein）的馬屁，並鼓勵他們自己的年輕女客戶去飯店房間和他開會。我討厭我老公和這群男人有任何關係，我也很討厭因為我老公的關係，我無法對著伯格的臉大吼大叫。我討厭我試著讓自己看起來很美。但所有當中我最討厭的，是我恨S讓我變得需要他。

「不是嗎？我太超過了嗎？」伯格快速地說著，他的眼神在我們之間來回。

我可以聽見伯格在說話，但他的嗓音和派對的聲音都變成了一片模糊的空白。

我緊緊拉住我身上的風衣外套，然後溜到奈特那裡，他正坐在幾公尺旁，我朝他擠過去。他大笑著，正在與別人聊天，然後他的視線與我對上。他細看著我的表情。「你還好嗎？」他問。

想說的話一股腦地湧出：「伯格喝醉了，然後他剛說：『你就像感染C型肝炎前的潘蜜拉・安德森。』我不知道該怎麼辦，S還在那裡跟他待在一起。」

我想要奈特告訴我我應該做些什麼，想要他告訴我我應該就此消失，想要他告訴我我有權利憤怒，我想要他隨便說點什麼都好。

「我正在思考他剛剛那樣說的話可能有什麼善意的解釋，但我必須承認我想不出來。」奈特這麼告訴我：「我很抱歉他那樣對你說話，反正他就是個白痴。」

這時S出現在我面前，他沒有看著我，仍在跟別的男人說話，他的心思放在其他地方。

「拜託我們可以走了嗎？」我小聲地問道。

一輛輛車排列在外頭的街道旁，當我們站在遮雨棚下時，雨水滴落打在遮雨棚布料上。我叫了一台優步計程車（Uber）。我們向前走入雨中，爬進車上時，狗仔隊相機的白色閃光燈幾乎要閃瞎了我們的眼睛。我的眼睛持續盯著我的雙腳，暗自祈禱不要穿著細高跟鞋在溼滑的水泥地上滑倒。S用力地關上車門，世界倏地一片安靜。一名狗仔跑到車子前面，他的頭上反戴著紅色棒球帽，他舉起相機從車子前方擋風玻璃處狂按閃光燈，試圖拍到後座的我們。

「天啊。」S說道，車子塞在車陣中幾乎動彈不得。我的眼睛噙滿淚水燃燒著，我恨自己哭泣，而淚水在那一刻才真正開始無情且無法控制地狂流不止。

車子緩慢前進，我聽見駕駛打了方向燈。**滴答**、**滴答**、**滴答**。明亮的燈光消失，我們沉默了片刻。「呃，那一切很……」S停頓了一下：「聽著，我很抱歉他那樣對你說話，那真的有夠糟糕。」

「**我**真的很抱歉。」我哭著說：「我真的覺得好羞恥。」S用手臂環繞著我，但這一切都感覺不對勁。我不想要S為了伯格道歉，我想要他告訴我他有多討厭伯格代表的一切。我想要他選邊站，但我知道那對他來說並不公平，這一切並沒有那麼簡單，我哭得更慘了。

「你不應該為此感到抱歉！天啊，根本不需要。」他說道，我躺在他的腿上，我的臉背對他，埋入他的大腿中。

「我只是……要是我沒有在那裡，那這一切就都會好好的，就都不會發生了。」我說：「本來應該要一切正常的，你本來也應該可以有段快樂的時光。」我打了個冷顫，我想到我愚蠢的自拍照、我愚蠢的洋裝和我愚蠢的眼線，我緊閉著雙眼。我突然有一股衝動想要消失。我想像著，要是我能大口地深呼吸，我的身體就會瓦解在我吸入的空氣中，那麼我就不用再待在我的身體裡，不用再處於有形的我之中，不用再跟S待在這台車裡，甚至不用再待在其他任何地方。**你就是那個麻煩**，我自己想著，**你根本有毛病。要是你能被移除在這個方程式之外，那麼所有一切就會變得剛剛好了。**

像你這樣的男人

Men Like You

[redacted]我希望能夠為艾蜜莉提供一個大好機會。

在非同質化代幣（NFT）與加密貨幣（Crypto）的世界中，很多人都對《款待！》雜誌很有興趣，特別是我跟艾蜜莉一起拍攝、她首次登上雜誌封面的那些驚為天人的照片。[redacted]給予艾蜜莉這樣的機會去講一些被賦予權力的故事，大家一定會想要聽。

[redacted]艾蜜莉的第一則Instagram貼文也是我和她拿著那個封面[redacted]我們那時真的不知道社群媒體的力量這麼強大。

[redacted]艾蜜莉接著達成了這麼多了不起的
事情，包括成為人母[redacted]我們可以把這搞得很大，加上那個故事
[redacted]這將會幫忙拓展出一項新的事業。
[redacted]
史蒂夫[2]

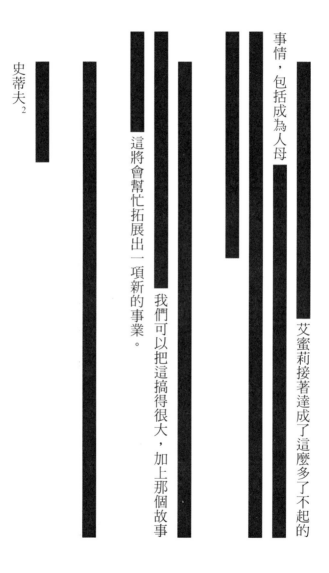

嗨 史蒂夫，

二〇一六年，你在接受《InsideHook》雜誌（不管那是什麼鬼的）專訪時，你談到了我們的第一次會面，下面這是你說過的話裡我最喜歡的幾句之一：

所以她差不多就在那裡坐了一個小時，然後完全沒有人要理她。她帶著那種爛透了的作品集，這女孩幫好萊塢的弗雷德里克百貨（Frederick's of Hollywood）這樣的電商網站拍攝內衣商品。我的意思是，那種最爛的貨色。這女孩根本很難得到任何工作。她身高一百六十五公分，有著大奶。托尼建議我讓她回家去，所以我朝她走過去，然後說：「聽著，我很抱歉，但你必須離開。」接著她說：「噢，好的。」就在那時，突然因為某種奇怪的原因我開始跟她談話，才發現她其實是一位真的很聰明的女孩。

你描述的那一天，我還記得清清楚楚。我才剛從大學休學，而且也還沒在洛杉磯找到新的地方住，所以我開著兩個半小時的車，從聖地牙哥過來見你。那天是週六，那一週我已經去了洛杉磯兩次，拍攝固定的型錄工作以繳清我的帳單。我其實並不想再次通勤開去洛杉磯，但我了解這對我很重要，我得試試看，並用更多「可撕樣張」——雜誌照片編輯取下的頁面，來打造出我的作品集。我一大清早就出發，喝著咖啡並播著很吵的談話廣播節目讓我在高速公路上保持清醒。當我抵達時，海洋上層的溼冷霧氣尚未散去。

我在你位於拉布雷亞的攝影工作室前來回開著，尋找停車位。我很擔心會遲到，怕被認為好像很不專業，因此我最後開進隔壁麥當勞的停車場，停在那邊，祈禱著自己的車不要被開單或是拖吊，因為無論是被開單還是被拖吊，當時的我都付不起。我穿上丟在後座的高跟鞋，然後拿著有我模特兒照片的冊子。我的經紀人告訴我不要化妝，但我透過後照鏡檢視我在鏡中的映像時，偷擦了一點遮瑕膏在我的眼睛底下。我想要向你呈現出我清新又自然美的樣子。

你在二〇一七年時，在《太陽報》（*the Sun*）中用「邋遢」來描述我：

2 這是一封二〇二〇年寄給我前經紀人、經刪減處理過的電子郵件。

她走進來，身穿一件黑色寬鬆罩衫洋裝和一雙恐怖的十公分黑色塑膠鞋。那就像一個垃圾袋，完全遮住一切。她坐下來等著要見托尼．杜蘭（Tony Duran），那個攝影師，而他要我過去叫她回家。

你說你開始跟我談話是「因為某些奇怪的原因」，但我們的談話並不是意外。儘管你將近五十歲，大概比我大了三十歲，我卻馬上就讀懂你了。我知道我必須做些什麼，我這輩子都在讓像你這樣的男人留下印象，並在獲得一丁點關注時就得感激涕零。我那時候雖然仍只是個青少年，但已經懂得如何才能被像你這樣地位的人注意到，那已經成為我的第二天性，不費吹灰之力便可辦到。我接近你，裝得無所謂，然後讚美你那張巨大的《春光乍現》（*Blow-Up*）電影海報。

「我好愛那部電影。」我說道。而那也是實話，我在高三時曾在舊金山完成一個暑期藝術計畫，我在那時認識了那部電影。當時我正抽著大麻，坐在我的宿舍房間裡，隨便地想著以後要當個藝術家。總有一天，我要當某個能拍電影的人，而不是成為得在電影裡脫光裸體的人。我的教授為了教電影製作，展示《春光乍現》給我們看，但我卻被電影裡的那些女人們打中，被她們的美貌、欲望和魅力所吸引。她們想要透過那個無動於衷的攝影師的鏡頭被大家看見，那種渴望我完全能夠理解。我也有一張一樣的海報，但比較小一點，當我找到地方住的時候，我就要將它裱框然後掛起來。

「真的嗎？」你用你的英式口音問道，同時轉過身面對我。

男人永遠不會注意到女人的過度算計。他們總認為這些事會發生都是「因為某些奇怪的原因」，而同時女人們正唱著歌、後仰下腰，跳著精心算計的舞步來「促使」這些事情發生。

你開始聊到你的事業，告訴我你以前幫《花花公子》（*Playboy*）雜誌拍攝，儘管你現在在做的新雜誌裡面也有著滿滿的裸女，卻「一點也比不上它」。

當我說起我先前主修藝術的時候，你變得很興奮。在你發現我是個，用你的話來說，「其實是一位真的很聰明的女孩」的時候，你一定非常驚訝吧？僅僅只是提到一部矯揉造作的電影，就能如此輕易地顛覆你對我的期待。

我想著你這輩子不曉得曾經漠視多少女人，將她們毀於一旦，只因為你猜想她們除了外表看起來的樣子以外，沒有其他有用的東西可以給你了。她們多快就會明白她們腦袋裡的東西比起她們的身形根本一文不值，我敢打賭她們一定全部都比你聰明。

你拿出一些厚重、巨大的古董情色攝影集，說這些是你雜誌的靈感來源。也許你對當一名俗氣的《花花公子》攝影師感到不安，你想要成為像休・海夫納（Hugh Hefner）那樣的人，因此在我提到我爸是個畫家後，你就急於證明你也是個藝術家。又或者你只是想測試我，看看我是不是真的了解我提到的那些作品。我指了幾張我喜歡的照片，看著那些光滑亮面、嘎吱作響的頁面發出**哇嗚**的驚嘆。

我肯定是說對了些什麼，因為你從一本漢姆特・紐頓（Helmut Newton）攝影集展開的頁面上挪開了眼光偷看我，然後停下來思考著我這個人，就好像你是第一次真正看見我一樣。也就是在那一刻，你要求我脫光我的衣服。

「你何不脫下你的衣服，然後穿件小內褲？」你指向廁所的位置。

我故作鎮定地說：「喔，好啊，當然可以。」你也記得我這樣說道，我們到這裡有著相同的回憶。但你不可能知道當時我有多麼滿足，我很高興我們的互動讓你想要從我這裡得到更多，我很開心我開車通勤過來可能不會只是徒勞無功。

我猜，從你的觀點來看，這應該是我要感謝你的時刻。當我更年輕一些時，我可能也會這樣想。你從我不吸引人的服裝和廉價的鞋子中看見了我，然後想著為何不呢，她也沒有很難聊，我們就讓她試試看，看看她能做出些什麼。

除此之外，當時某部分的我也想著，**我愛裸體，反正誰他媽的會在意**。但我才開始明白，事實上**每個人**好像都真的、真的很在意。我那時才意識到我可以利用這樣的關注作為我的優勢。我想要試試水溫：我的身體有什麼力量？這到底是不是**我的**力量呢？

當我上空地從廁所走出來時，我直挺挺地站著，沒有遮住我的胸部。我相信只要我驕傲地脫掉我的衣服，只要我不因我的裸體感到尷尬，我或許多少能嚇到你，扭轉我們之間的互動關係。但是當然，身處在這樣的世界裡——成千上萬的女人會抓住機會跳起來，爭取像你這樣的男人的關注，史蒂夫，在這樣的世界中，我當然一點改變的機會也沒有。

從男人眼裡審視我自己，我已經在這件事上成為專家。我那時開始抽菸，並節食省略三餐來保持纖細的腰部曲線，所以我很有自信能讓你印象深刻。而我是對的，當你看到我的身體時，你的眼睛張得很開：「媽的見鬼了。」你說，「你之前把**全部**都藏到哪裡去了？」

你拉著我的手，帶我穿越工作室，經過其他的模特兒，走到攝影師那邊。而我步履蹣跚，咯咯地笑著，走在你後面，除了我的內褲和一雙高跟鞋外什麼也沒穿。被你視為與眾不同，這種感覺讓我不可置信地感受到自己被認同。

我當時十九歲，喜歡開著車到海岸邊，搖下車窗，放著音樂。當我和朋友在沙灘上喝了過多的桑格利亞酒，我喜歡我在沙子裡翻滾後我的皮膚聞起來的那種味道。我熱切地想要認識那種很酷、很聰明的人，我以為只要我賺夠多的錢、搬到洛杉磯來，我就能遇到那種人。我對於成人的世界感到興奮，也對於我將從何融入、我可能會做些什麼而感到刺激。你還記得你十九歲時是什麼樣子嗎？

＊　＊　＊

曾經有一次，在要離開一間夜店前，一位知名的音樂家從舞池上抓了二十位年輕的女孩，然後要她們坐在一間他錄音室旁邊的房間裡直到早上五點。他拿走她們的手機，要她們簽下保密協定，然後將她們全部丟在一塊兒，晾在一旁，直到他演奏完他新專輯的歌給他的一些朋友聽。然後他們就會一起開派對狂歡，他這麼說。一個我認識的男人也在那邊，當他要離開的時候，他看到那些女孩全部擠在一起，他說那間房間看起來簡直像是監理站。

我想像著那個畫面，那群女孩筋疲力盡，沒有網路、沒有相機也沒有辦法傳簡訊，無法讓自己分心做點其他事。她們有點醉了，我彷彿看見她們的集中型內衣、她們的捲髮在日光燈下漸漸變得平直。

你知道她們為什麼在那個房間裡等嗎，史蒂夫？

也許多年以後，也或許就在下一週，那些女孩會突然對某件事生氣，卻又不知道為什麼。**這種情緒反應是從何而來？**她們真的不會曉得，她們也無法回想起來，但那股憤怒都是因為她們讓自己坐在那間房間裡。她們那樣化妝打扮自己。她們會感覺很渺小，卻無法怪罪於他人，只能怪罪自己。

我是多麼渴望男人的認同，甚至接受所有男人的認同，即使他們以不尊重的方式認同我。我是在那房間裡的女孩們，等待著用我的身體來交換，在一個繞著男人與他們欲望打轉的價值體系裡，衡量著我的自我價值。

* * *

當我們一起工作時，我仍是無名小卒嗎？你被問到這個問題。「她很快就出名了。」你回覆著：「我收到各式電子郵件，來自一些大人物像肯伊・威斯特（Kanye West）和亞當・李維（Adam Levine），他們希望能在活動裡使用她。後來羅賓・西克打給我。」

你說得對，我的確得到了許多知名的、有權力的男人們的關注。那就是我如何獲得工作機會、如何賺錢，並且建立我自己事業的方式。羅賓・西克和亞當・李維雇用我參與他們的音樂錄影帶。在魔力紅（Maroon 5）的音樂錄影帶中，我穿著內褲橫跨地騎在亞當・李維身上，他則將藍色的顏料塗滿我的全身。

我與你見面的那一年，有位知名男人讓我從洛杉磯飛到倫敦，答應要給我一個工作機會。我帶著時差與在擁擠班機的窄小座位上久坐的痠痛在清晨抵達倫敦。我的經紀人跟我說，在被帶往那男人的工作室前，我有一個小時時間可以打理自己。但是當我一走進我的飯店房間，房間電話就響起，通知我外面有輛車在等我。到了工作室後，整個團隊的人幫我換衣服，並將我推上一個平台，那個男人正坐在平台下幾公尺的地方。他臉上的表情令人費解，他的眼睛直盯著我的身體，直到我再次被匆匆推走。我感到一陣放鬆，想著這徵選會終於結束了。我想要回到我的飯店房間睡覺，但某個人又過來跟我說，那個知名男人想要我跟他去喝一杯。

「好的。」我說，看了一眼鏡子裡我的影像。

我看起來累翻了。**現在洛杉磯是幾點？**我想著，害怕知道答案。「當然好。」我說。

我們在他車子後座時的聊天對話有夠尷尬，他的朋友或是助理就坐在副駕駛座上（以我的經驗來說，那些有名氣的男人的所有朋友好像都被列在他們的員工薪資表上），駕駛機械式地直盯著前方。那個男人打開他的筆記型電腦，在我們一邊說著話時，慵懶地按著鍵盤。我看著窗外緩慢移動的車潮。當我看回車內時，我看到他將筆記型電腦轉向我。螢幕上有兩個男人和兩個女人正在做愛。那個男人指著其中一具身體。

「那個是我。」他笑著說道，眼睛盯著螢幕。

當我同意飛到倫敦來時，我的經紀人跟我說，只要我有任何需要都可以依賴他。「我很樂意成為那個壞人。」他說。當車子停靠在一間高級飯店外時，我迅速寄了一封電子郵件，沒有附上明確細節，要求我經紀人去跟他的聯繫人談，要他放我走。

我們坐下，然後點了酒，就像當時我跟你在一起一樣，史蒂夫，我盡我所能地表現我自己，表現出我不是只有我的身體有價值而已。我談到藝術、音樂，甚至聊到政治。當時的樣子讓我想起我跟你的會面，我們真誠地在某些事情上感覺有共通點。

我們三個人搭著電梯到他的套房，我們坐在客廳大約一個多小時，直到那個助理開始在沙發上睡著，他的眼睛翻到了後腦勺。那個知名男人再次打開他的筆記型電腦，然後開始播放我幫《款待！》雜誌拍的影片。

「我是說，媽的。」他說，指著我在擺動的裸體：「我會忍不住想一直看你。」**有夠怪**，我想，**我就在這裡欸**，**就在你面前**。

我點開我的電子郵件查看經紀人的回覆：「你是個大女孩了，艾蜜莉。自己想辦法。」

我鼓起一些勇氣，然後起身用足夠吵醒那個助理的聲音大聲地說道，現在是時候該走了。當我們往外走時，那個知名的男人起身抱住我。他用他的身體壓著我的身體，然後緩緩地親吻我的脖子。突然間只剩我們單獨在一起，那個助理消失在關上的大門後面。我緊張地咯咯笑著，試圖讓氣氛輕鬆一點。「我有男朋友了。」我說，我知道要是我提起另一個男人的所有權或許可以讓他卻步。

他聞著我的香味。

「我很快會再跟你聯繫。」我向他保證，有禮貌地微笑著，將我的手放在他的前臂上，試著將他的雙手移開我的身體。

隔天早上，我被我的手機鬧鐘叫醒，我才發現我的經紀人和那個知名男人都沒有幫我安排車子載我去機場。我就坐在冰冷的黑色計程車後座，看著螢幕上的跳表數字不斷上升，我暗自將英鎊換算成美金，默默希望我的信用卡還刷得過。

那個男人接連好幾個月都傳電子郵件給我。他也打了幾通電話給我，每次都會用不同的手機號碼撥號，而且總是在奇怪的清晨或深夜時分打來。我後來不接我不認識的號碼打來的電話，但我仍然還是因為那個有權男人的追求而感到受寵若驚。我知道我握有一手好牌，要是我能好好玩這場遊戲，確保自己跟其他女人不一樣，並且保持清楚的界線，也許就能從他可以提供給我的任何名聲或工作中受益。但我的心思根本不在那，我給他的回覆總是片段且不連貫。當他到了洛杉磯，而我又找理由迴避與他見面時，他向我寫道：「我真的很想將你當作我的繆思女神，我已經有很多年沒有繆思女神了，傻眼。」

* * *

當你造訪紐約市的時候，很有可能會經過她，無論是在中央公園裡、曼哈頓橋上、哥倫布圓環中，又或是在紐約公共圖書館總部裡，或者也許你也曾欣賞過那個市中心市政大樓頂端的金色肖像？她無所不在：在橋上、建築物上、公園裡和噴泉中。光是在大都會藝術博物館（the Met）裡就有三十尊她身體的雕像，這些形體全都是同一位女人。

奧黛麗・蒙森（Audrey Munson）和她母親在第五大道逛街時被一名攝影師發掘。在那不久後，奧黛麗就嘗試了第一次的裸體擺拍，那時她仍只是個青少年。很快地，她成了當時雕刻師和畫家的模特兒不二人選，她的身形、她的胸部，甚至她下背的腰窩，全都讓人為之著迷。（曾經有位雕刻師警告她：「要守住這對腰窩啊，我的女孩。如果任何時候你發現它們不見了，就別再吃蘋果派了。」）一九一三年，紐約《太陽報》寫道：「超過一百位藝術家都同意，如果要封任何人為曼哈頓小姐，那這個稱號一定要特別獻給這個年輕女人。」

然而，不到二十年之後，她開始嘗試自殺。她在四十歲時被送進精神病院，餘生都住在精神病院裡，一〇六歲過世，被埋葬在無名的墳墓裡。

我猜這就是作為繆思的生命週期：被發掘，無酬地參與藝術，在藝術作品裡永垂不朽，然後沒沒無聞地死去。

奧黛麗自己寫道：「成為藝術家的模特兒會變成什麼？我在想，我親愛的讀者是否也曾站在一尊美好的雕像鉅作或是一幅畫著年輕女孩的偉大肖像前，她捨棄了布幔衣料，不但沒有削弱她，反而更加凸顯了她的謙遜及純潔，他們會問自己這個問題：『她現在在哪呢，這個如此美麗的模特兒？』」

我想到她，也想到其他羅列在牆壁上、充斥於博物館展廳的那些裸女們，有些裸女的作品太過古老，她們身上的顏色都已經褪去，有些大理石頭像也掉了下來。我們很容易誤以為這些展示都是尊崇的象徵，是一種榮耀。但她們的人生是怎麼樣的呢？她們的名字是什麼呢？卻沒有人記得。

＊＊＊

史蒂夫，你以為我沒有看過那些你談論著關於我的訪問內容嗎？還是你以為，你再也不需要從我身上獲得什麼東西，因此根本就無所謂呢？也或許你根本就沒有想到我。我猜是最後一個原因。

你可能會很驚訝，當我第一次讀到你的評論時，我並沒有生氣。你在我們見面後的五年給出了那些評論，當時我才剛滿二十五歲，我開始變得有名，而那個你賣掉房子來出資的雜誌社正走向窮途末路（那個時候溫克勒佛斯〔Winklevoss〕雙胞胎兄弟告你了嗎？還是那是在這之後？），但一切卻仍沒有太大改變：我還是那個年輕女孩，將自我價值交付到像你這樣的男人的手中。

我不生氣，因為我當時認為你說得對：我那時的鞋子**是**很羞恥，我不知道該如何穿搭，我很矮，除非我脫光光，不然我一點都不特別，我應該要很感激你瞧了我兩眼。要是你沒有給我機會，誰知道後來會發生什麼事？就像你說的：「我知道她肯定會在哪裡，而且她絕對不會達到現在這個地位。」

我也感到很羞愧，我恨我自己當時試著讓你印象深刻。那種感覺不是我騙了你好繼續以此為生，反倒像是我背叛了我自己，並盲目地讓自己去諂媚吸引你。甚至當你那樣說我是個「聰明」的妹子時，我恨自己用那些我愛的事物來贏得你的關注。

我將你的訪談當作我的祕密，我覺得太沒面子了，無法將你說的那些話跟我親近的人分享。我不想讓自己冒險，說不定他們也同意你的話。我不想讓他們用跟你一樣的方式來看我。

我沒有生氣。

還沒。

我們打算要進行模特兒徵選，而我想要找到另外十二個像艾蜜莉這樣的女生，把她們變成明日之星，給她們一個很棒的平台去發展自己的事業……所以要是我能從俄羅斯找一些採馬鈴薯的女孩，將她放進這個年曆中，然後讓她變得有名，那一定很讚。

你辦了你的徵選會，網路上有一部徵選會的影片，剪輯搭配輕柔的電子舞曲節拍。年輕的女人們穿著比基尼快速走過，她們的頭髮飄揚在身後，她們彎曲著自己的背，然後朝攝影機送出飛吻，而你就蹲在攝影機後方。每個女生擺出姿勢時，她會舉著一塊白板，上面單獨寫著她的名字。然後白板會再被擦乾淨，由另外一個年輕女生的名字取而代之。

我光想到就無法忍受，你竟然用我的名義來雇用這些女孩。我恨你拿我當作範例，然後說：**快來看啊！你也同樣能夠擁有那些，只要你懂得吸引我的目光。**

我現在生氣了，不是為了我自己，而是為了「那些俄羅斯女孩」，也為了所有將你視為守門員的年輕女人和女孩，她們在你面前排隊，只為了讓你來評判她們是不是能被人幹。

我想要告訴那些女孩，我不確定這樣是值得的——那些錢不值得，那些關注也不值得。要是我說名氣不會帶來什麼好處，那我就是在說謊；若我不曾讓像你這樣的男人印象深刻，還會有任何人會想來讀我寫的東西嗎？

「所以讓我來告訴你，要是那女孩不脫掉她的衣服，她永遠無法擁有她現在的事業。」你說道，我可以想見為何你認為那是真的。

大衛．芬奇曾在一場訪談中說道，當時他想要找一個女孩，一個男人魂牽夢縈但女人討厭的女孩來出演《控制》，而班．艾佛列克（Ben Affleck）提起了我的名字。

能在這麼認真的電影中得到一個角色，而且還是受人敬重的導演執導的電影，這是件讓我很自傲的事情。我能為我的履歷加上很棒的分數，而且其他導演

（幾乎都是男人）也對我和芬奇導演能這麼親近而印象深刻。在各項訪問裡，我知道怎麼陳述我是如何努力獲得這個角色、我是如何在錄音帶中唸著這個角色的台詞，然後在我和導演親自見面試鏡後贏得這個角色。

但我在他的電影裡上半身全裸。儘管我擁有「演員」這個新頭銜、大幅成長的戶頭數字和街上能認出我的粉絲們，我也開始在網路上收到令我充滿自我厭惡的評論：「這個女的就是沒辦法好好穿著衣服。」、「很讚的奶子但除此之外沒什麼。」、「在走下坡前就好好享受你能出演的十五分鐘吧。」《控制》片場裡的髮型師們警告我，我應該是時候停止拍攝裸體的照片，畢竟現在我已經不只是模特兒和繆思了。但他們的提點卻令人困惑：我之所以得到這個角色，至少有部分原因就是因為我那樣為了像你這樣的男人脫光，不是嗎，史蒂夫？

＊＊＊

你會記得你是什麼時候親我的，也或許你已經忘了。在我登上你的雜誌封面後的發行派對上，我們當時正在互相道別，那時已經很晚，我喝了太多的贊助香檳，那晚你又讓我感到自己多麼與眾不同，我整個人已滿是醉意。你用我的身體和你拍攝的照片來宣傳你的雜誌，但我當時並沒有太注意到我們兩個之間的動態互動關係；我反倒感覺，你是為了幫我慶祝才辦了一場豪華派對，所有的賓客都是前來幫那位全地表（洛杉磯）的當紅炸子雞、最令人嚮往的女孩（我）慶祝。

一個大我十歲的模特兒朋友叫了一輛計程車來載我們回家。「我會順道送你回去。」她說道。我轉身抱了你，跟你說謝謝。你將你的身體擠向我，輕柔地在我的嘴唇上啄了兩次，接著，你將你的嘴巴整個壓在我的嘴上，你的舌頭滑進了我的齒間，我吻回去親了你。我想到你是如何站在我全裸身體的放大輸出照片前（那些照片有在販售，我看到上面的價格才知道），告訴每個人我是個非常特別的女孩，你一手舉著迷你瓶裝的酩悅（Moët）香檳，另一隻手圈住我的腰。

我的朋友打斷了那個親吻。「來吧，寶貝！我們得走了！」她將車門打開後大喊道，等待著我。

你往後退開，眼神閃過一絲興奮。

你年紀都大到能夠當我爸了，你也知道我不該親你的，但你還是揚起一邊的眉毛，就好像在等待我的信號準備發動攻擊。我不禁大笑，突然湧上一陣狂喜，因為在成為你渴望的目標對象的那一刻，我擁有了力量。我朋友拉著我的手腕，將我從你身邊拽著離開。

「掰啦，史蒂夫。」她叫道，將我塞進車內，關上車門。我並沒有反抗她，實際上我根本對你沒興趣，我喜歡的是你給我的那種感覺，還有你那樣看著我的方式。

「你不會想做那種事的。」她咕噥道。車內後座當時很黑，我醉醺醺地坐在她身旁，仍因剛才的吻而感到有點暈眩，也因為她在我身上施加的權威感到些許羞愧。我覺得很困惑。我當時天真地以為，她一定是想試圖控制我。現在我想到昏暗的光線下她那嚴肅的側臉，我終於明白了。她肯定和像你這樣的男人打過交道，她到底是經歷過什麼才會懂那些我當時根本還不懂的事？

現在想起來覺得很可怕，我本來有可能讓你占有我的身體，然後也用那種方式來利用我的身體。要是那樣，要克服我的恥辱會變得更是難上加難，那個試圖讓你留下深刻印象的恥辱、表現出飄飄然的樣子並向你表達感激的恥辱，還有如此輕易就向你獻出我的身體的恥辱。

你在你的訪談中說：

再也沒有人想看一個老男人幹那些年輕女孩了，那太羞恥了。在七〇年代可能還有些效果，但這幾年女人們變得那麼獨立和強大，那些都已經改變了。我已經是個比較老的男人了，這些女孩的年齡才大概我歲數的一半。

你曾經有次翻開你的雜誌，然後指著一位模特兒，她的上身全裸且嘴巴張開，你告訴我你睡了她。你對於那件事表現出有點害臊的樣子，我知道你心知肚明，儘管我不確定這到底是件好事還是壞事。

＊＊＊

你還記得那幅我身體全裸的三聯畫嗎？我並不想進行那次拍攝，但我的經紀人說那是為了提倡乳癌防治意識，你也承諾那就只會花我一小時。

「部分營收會捐給一些慈善機構。」她說道，「而且山謬・拜爾（Sam

Bayer）是一位令人敬重的導演，能在他面前露出也滿好的。」

我心軟被說服了，而後出席了那場展演活動。在那裡，十六位女性的黑白照片被放大輸出成約三．六公尺高，排列在巨大的藝廊展廳裡。我們都被切分為三部分：我們的頭接近天花板、我們的胸部和軀幹在中間，而視線水平處則是我們的陰部。

幾年後，我在Instagram上看到我的肖像被搬到洛杉磯一間夜店裡。我被標記在相片中，男男女女就在我身體下半部前面拍照，擺著下流的姿勢。

* * *

你喜歡我現在穿著比較好的鞋子。你已經準備好稱呼我為合作夥伴，既然現在我已不再是小孩，現在我已經長大，並且就像你說的，成為一位母親。（多麼可笑啊，男人竟然是如此簡單看待女人的生命週期！從性對象到母親，然後變成什麼？隱形嗎？）

一直以來，你對我展現的不尊重極為惡劣，你聯繫我只是為了洽談非同質化代幣，這要多諷刺。非同質化代幣，這個東西全是關於所有權、主題被認同和接收權益；而過去十年，你花費所有的時間，什麼都做了，就是沒有給予我所有權——我事業的所有權與我影像的所有權。話又說回來，我注意到你現在在你於影音下載軟體Vimeo的個人頻道上，向觀眾收取三．九九美金來看拍攝我的影片。

＊＊＊

我以前不確定我是否該感謝你，感謝我們之間的友誼和那些你給我的機會。但我現在已經不再心懷感激了，我不相信我有欠你任何東西。我再也不會責怪自己曾經為了你將自己變得渺小且好懂。我已經將過去那些恥辱和恐懼都化為憤怒。這一切很醜陋，但我不再害怕了。我想要為自己索取更多，我將宣揚我所有的錯誤和矛盾，為了那些無法這樣做的女人、為了那些我們稱之為繆思，卻不知道她們叫什麼名字的所有女人，我們誤認她們的沉默代表同意。我站在她們的肩膀上才成為現在的我。

另外還有一件事，史蒂夫。我在Instagram上的第一則貼文才不是你跟我的合照。我的第一則貼文是在二〇一一年二月二十一日發布，那甚至早於我見到你之前。那是一張我最親密的女生朋友在笑著的照片。

釋放

Releases

我在夢中尖叫，我的臉因為淚水而濕黏，一個身影在我面前顯現。有時候那身影會是某位我親近的人，其他時候則會是某位我已經好幾年都沒有想起過的人。

也有某些夜晚，那個身影沒有明確的身分，就是一個形體而已。我們總是會身處一些我記憶中的地方，可能是我從小長大的街道，或是那棟我已經離開很久的公寓。無論場景設定在哪，有件事始終如一：我的憤怒。我大叫著，我抽泣著，我想要面前的這個人意識到我的煎熬。我試了又試，試圖想得到他們的注意，但他們都只是木然且杳無回應。

最後，我移動身體想揍他們，但當我舉起雙臂時，我的雙臂難以置信地沉重。當我終於伸出拳頭打到他們，卻一點效用也沒有，就好像我只是一片虛無。

我沒有獲得滿足，也沒有得到釋放。

我在這種惡夢中醒來，心臟劇烈跳動，驚慌和急迫感在我心中湧動。我被我的憤怒嚇到了，也因為這種暴力感到羞愧。我到底有什麼問題？我到底為何會有這種狠毒且具破壞性的憤怒？我不想去思考究竟有什麼也許能解析我的悲苦。我告訴自己，我不應該承受這種程度的怒火。我沒有跟任何人分享我的夢境。

曾經有一次，我問S是否也曾夢見自己正在打鬥。「那很可怕！是最慘的那種喔！」我希望他能夠理解我的挫敗，「你沒有任何作用，就像鬼魂一樣，是某種沒有形體的東西。」他只是聳聳肩，然後提醒我他其實不太記得他做過的夢。

在生下我兒子差不多一個月後的某個清晨，我又因為惡夢嚇醒，卻無法揮去那股強烈的情緒。我與我的心理治療師進行了一場線上諮商，然後將那個情境描述給她聽。她先專注且表情豐富地傾聽著（就是一般心理治療師會表現出的樣子），之後才接著開口。

「在生活中，你的憤怒都發洩在哪呢？你怎麼釋放你的憤怒？」

「我不會發洩。」我平淡地說道。

沒有人喜歡憤怒的女人，她會是那種最糟糕的壞人：一位女巫，可憎、醜陋，並且充滿厭惡及苦澀。太尖酸刻薄了，我會做任何事來避免那樣的情緒，做任何事來阻止我變成那樣的女人。我會試著將任何與憤怒相似的情緒變得像是有勇氣、迷人且性感的。我會將那種情緒摺得很小，然後藏起來。我會用上我最值得信賴的招數——我會投射悲傷，那是某種脆弱和柔軟的情感、某種友善的、需要被照顧的情感。

我的心理治療師瞄向我，她深色鏡框的眼鏡讓她在我的螢幕上看起來像是瞪大了眼睛。

「要不然你來諮商室，然後試著打碎一些東西怎麼樣？」她說道。

＊＊＊

在她的辦公室，我看到她拿著一個玻璃碗，裡面裝滿五顏六色的水球，我心生恐懼。

「喔不！」我做了一個鬼臉，「我已經開始討厭這件事了。」我想到她在我抵達之前，為了我將水灌到這些氣球裡，我就覺得過於丟臉而打了個冷顫。我拖著腳步跟在她身後，到了建築物的頂樓。太陽出來了，但空氣還是很冷冽。

她將玻璃碗放在地上，然後站起來面向我。我只熟悉於坐在她對面，因此訝異地首次發現我其實比她還要高。我意識到她活生生地出現在我眼前，這讓我有些不自在。我緊緊抓住我的外套，避開她的視線，環視著四周那些彷彿要壓在我們身上的建築物。她帶我走了一遍這個練習。

「我自己之前也有做過。」她和藹地告訴我，「你必須讓你自己變得很……大！」她打開她的雙臂並伸展雙腿，她將她的嘴巴張開延伸成一個巨大的O字型。她的善意讓我覺得很荒謬，但比起其他更多的是讓我感到可悲。我想著，**這種自我參與的程度真的有需要做到這樣嗎？我現在得要對著牆壁丟粉紅色和綠色的水球？老天，我都快要三十歲了耶**。然後我很驚訝地發現熱淚從我的雙眼噴濺出來。我笑了出來，感到尷尬，很快地擦掉一邊的淚水。

「你為什麼在哭？」她問道。

「這一切都太蠢了。」我說道，試圖止住微弱的嗚咽。

「我不覺得你會哭只是因為覺得這很蠢。」她朝著玻璃碗蹲下來，然後挑了一顆水球。我接過水球，從我的指尖感受到它表層的脆弱。

我曾經在書上讀到，女人比男人更容易在生氣的時候哭出來。我知道女人是因為羞恥而哭。我們害怕我們的憤怒，我們因為憤怒改變了我們而使我們感到羞愧。我們透過哭來平息我們感受到的情緒，即使那種情緒在試圖告訴我們些什麼，即使那種情緒是完全有理由存在的。

我顫抖著，抓著那顆水球。我將它朝牆壁丟去，看著它輕輕地啪一聲爆開，然後注意到自己隱約萌生一股惱怒。

「我不確定這有什麼效果。這些水球一定要這麼五顏六色嗎？」我評論著。她大笑，然後遞給我一個小罐子。「我不認為這是玻璃製的，所以它有可能不會破，但這可能會比水球更好。」

我拿著罐子，然後怯生生地將它丟向牆壁。我的手臂像是一條鬆軟的義大利麵。我又試了一次，罐子反彈回來。我想像著有人從他們的窗戶望出去，看到一個纖細的女人在朝磚牆丟擲物品。**可悲**。我又在腦海裡重複了一次。

我想像附近鄰居和我的心理治療師眼中，我現在看起來的樣子。我知道擁抱憤怒代表要放棄那種控制、放棄那種審視、放棄與我自己之間的距離，但我又死命地想要控制權。我寧可傷害我自己，就像是自己刺自己一刀那樣，也不要讓其他人握有那把刀來傷害我。我奮力地想要進入我的身體內，然後僅是**存在**著。我不信任自己的身體能夠掌握韁繩控制一切。然而現在有人要求我、敦促我，要我讓我的身體釋放憤怒，我根本注定要失敗。

「我就真的不夠強壯。」我咕噥道。我將頭髮塞到耳後，然後注視著地上，想到我小學操場上的柏油路空地。

「有時候想著某個你想要懲罰的人也會有幫助。」她告訴我。

我討厭自己有任何想要懲罰的人，但我深吸了一口氣，閉上我的雙眼。我試著不去想我感覺自己有多笨，不去想我看起來一定有多蠢。**放手吧！**

這次罐子從我的手中飛出去，就像有某種電流充過電般，它大力地撞擊牆壁，然後破裂成很多小碎片。我回頭看向我的心理治療師，感到震驚。

「你的身體是知道的。」她說，伸手拿了掃帚。

她是對的，當然，我的身體是知道的。身體的感覺就像憤怒一樣，當然都是有目的性的。那些感覺就像訊號、指示，用意就是要引領我們通往真相。但我都不聽，因為我很害怕那些它們也許會揭露出來的事情。

* * *

那是八月末的某個下午，S和芭芭拉決定我們三個要一起去騎我們幾週前才剛買的海灘休閒腳踏車。他們兩個都因為這個點子而感到興奮，但我卻十分遲疑。我從來就不是運動型的人，當我的同學都在操場上奔馳時，我更喜歡悠閒地沿著跑道慢慢散步。

我想著不如我來建議大家，就一起待在屋子裡隨處躺著讀點書，但我知道要是我真這麼說，只會聽起來很無趣。我當時還懷孕不到三個月，什麼都不想做，只想睡覺。但是我的婦產科醫生已經跟我強調過運動的重要性，況且每次跟他們一起的腳踏車之旅最後其實都滿愉快的。

從我有印象起，甚至當我還是個孩子時，我就一直覺得自己手腳很不協調。我爸沿街開車載我到一處鋪了柏油路的停車場，讓我學習怎麼騎腳踏車，我雖然能成功保持平衡，卻一直沒有自信能夠精熟騎車技巧。我無法學會全然相信我的直覺來讓自己放鬆，也無法在這項活動中找到快樂。

炙熱的空氣充斥我們的肺部，並沒有讓這個消耗體力的活動聽起來更吸引人，但是當我們沿著街道騎車時，一陣突如其來的微風劃破了潮濕的空氣。

芭芭拉帶領我們沿著街道邊騎行，她的頭髮在身後飄揚。她和S是十分速配的旅遊夥伴，他們兩個總是準備好潛進海洋中或深夜跑去游泳。我看著他們兩個如此放鬆的樣子，卻不會感到嫉妒：我愛著他們兩個人，並且渴望變成像他們倆那樣，我跟隨著他們的示範，樂於被他們影響。沿路踩著踏板，我的肩膀放鬆地垂下，然後深吸一口氣，看著我的臀部，想著我身體裡面蜷曲著的胎兒。那個早晨，我才看到胎兒現在已經像是一個無花果尺寸那麼大了。我想到他的心跳，想著不曉得他的心跳是否也跟我的同步。

我抬頭朝前方看去，看到芭芭拉和S左轉進入一片田地。她越過肩頭，對我展現一抹露齒的迷人微笑。「捷徑！」她大聲地喊道。我點點頭並駛離馬路，我的腳踏車在新的、崎嶇不平的地形上碰撞。

那片田地似乎很寬廣，當我持續踩著踏板，感覺我的腳踏車在濃密的青草中失去速度。原本幾乎一路上都提供我們遮蔭的雲突然散去，微風也停止吹拂，我在熱辣的太陽下開始冒汗，汗珠拍打著我的前額。

我可以看得出來，S和芭芭拉也開始覺得吃力。他們的姿勢變了，而且看起來比先前更專注地用力踩著踏板。我胸前一緊，一陣頭暈目眩幾乎使我難以承受。地平線呈現出戲劇化的樣子：全然一片湛藍的天空與高大的碧綠青草。我為寶寶擔心了一下，既然我現在這麼上氣不接下氣，那他現在的心跳又是如何呢？

S轉向我，我不禁想著我現在看起來一定很噁心，因為每當我做任何費力的事情時，我的臉就很容易出現紅色的斑點。在我寬鬆的T恤下，我腫脹的胸部感覺很痠痛，我整個人又臃腫又骯髒。我抗拒想停下來的本能，感覺有一股全新的決心在我心中湧現。**在這麼美好的一天，跟我最親近的兩個人一起騎著腳踏車。**我想著，**你最好不要給我臨陣退縮喔**。

我更用力地踩著踏板，克服不適的感覺。我的大腿在燃燒，我吞下一堆口水，看著前方的路，也看著芭芭拉轉向騎回柏油路上時，她的身體在腳踏車坐墊上彈跳著。

他們放慢速度等我，他們熟悉的背影拱起彎向腳踏車手把，我牢牢記住他們身形，感受到一陣溫柔。**我看起來怎麼樣根本不重要**，我突然明白了。血液從我的大腿向上搏動，我又再次想到我身體裡住著的那個小生命。我的摯友和我的老公充滿關愛地對我笑著。我們一句話也沒說，繼續向前騎行。我的眼眶盈滿淚水，想要大聲地喊道：**謝謝你！能夠待在這個身體裡，這輩子真的是太愉快了！**

＊＊＊

當我還是孩子的時候，我很怕踩到人行道上的裂縫，很擔心會像美國俗語說的「腳把裂縫踩，把媽媽背折斷」那樣讓我媽閃到腰。我相信我心裡想的能影響所有事物：小自我在學校話劇表演得到的角色，大至我未來會擁有的一切，或我會長到多高。

我這種魔幻思考的習慣一直持續到成年階段，我有一些迷信，像是：如果我計劃一場旅行，我就一定會在那時得到一份工作；如果我夢到某個人，我有預感他很快就會跟我聯繫；如果我在某件好消息正式公告前先跟任何人分享，那麼那件好事就不會成真。而我最近相信的事是，如果我將我兒子的名字放在我身上

（戴著刻有他姓名字首字母的項鍊或手環），那麼他就會永保健康。

要是我能做某件事，甚至是任何事，來掌控事件發生的結果，那麼我就比較不會那麼無能為力，我也就不會那麼害怕。我這個觀念已經根深柢固到，甚至在我坦承這件事時，我都有點擔心我會不會給這些儀式帶來厄運，我的這些小祕招會不會因為我現在分享出去，以後就沒有效果了？

我經常得努力區分什麼是我內心的直覺，什麼又是我過度警覺，是我迷信的腦袋在捉弄著我。作家奧德雷・洛德（Audre Lorde）寫道：「身為女性，我們已經變得不去信任從我們心靈深處萌生的力量，和那些非理性的知識。」

部分合乎邏輯的我知道各種事件並不會因為我主宰的迷信力量而被影響，但我仍然不希望那是真的，至少不要全然如此。我想要相信實際上是有某種魔法或某種力量存在，即便那份力量我無法操控。

＊＊＊

沒有人知道到底是什麼觸發女人的身體進行生產。在我懷孕期間，我才知道：儘管醫生們自信滿滿，表現得好像真實生活中並沒有神祕事件和魔法存在，但究竟是什麼驅使女人的身體進行生產仍是一件沒有清楚解釋的事。在我們最後幾次的產檢時，S問了我們的婦產科醫生是誰決定寶寶的出生時間：是寶寶自己，還是我的身體？

「可能兩者都有吧？」她模稜兩可地回答，仔細盯著她的呼叫器。

我預產期的六天前，三月初的一個星期天將近午夜時分，我的羊水破了。就在那天早些時候，我們才開車到上西區去買我們最愛的貝果和白鮭沙拉，當作給我們自己完成育嬰房最後妝點的獎勵（我們也終於掛上那些好幾年來都斜靠在牆邊的畫作，搞得好像寶寶會評審我們的室內設計一樣）。

當我們開車回家時，我問S我們是不是算是已經準備好了。「當然，我們已經準備得超好了。」他說，捏了捏我的膝蓋。

「我知道這很恐怖。」不久後我輕聲地說，獨自坐在我們紅色的沙發上，我的雙手放在肚皮上。「但我們會一起進行。」我不確定我指的是我的兒子還是我的身體，可能兩者都是。

一陣暖流從我雙腿間流出，打斷了我的睡眠，我直挺挺地從床上坐起。我將床罩丟到一旁，露出床單濕掉的地方，那塊濕掉的地方越來越大片。電視柔和的光線在我肚皮上投射出一塊陰影，讓它看起來就像一彎新月。

「我快生了！」我驚叫道，從床上跳起。

當S急忙收拾所有東西，準備出發至醫院時，我四肢趴在地上準備生產，盯著我們浴室裡棋盤狀的磁磚。我的身體感覺像是正在裂開，那種疼痛是全方位的，從我身體的核心發送出去，散播至我身體每一個角落。宮縮不停歇地持續來襲，每次到宮縮最痛的時候，我都感覺自己被突如其來的驚慌一把擒住。我死命地想要讓疼痛停止，但我被困住了。我用力咬牙，牙齒緊緊闔著。

「沒有辦法回頭了。」我告訴自己，將前額靠在冰冷的地板上，並將雙手繞在我的脖子後方，試圖讓自己記得保持呼吸。現在我和我的寶寶將會發生什麼事呢？我們兩個命懸一線，但我卻無法做些什麼來確保我們的安全。我們倆的生存現在全仰賴我身體神祕的機制。

有人告訴過我，為了要張開陰道，女人得慢下自己的腦波，然後讓自己達到跟高潮相同的狀態。在生小孩的這個時刻還要想到性愛實在很怪，但是當另一波宮縮來襲，我的脊椎幾乎痛到像在灼燒時，想起我的身體其實可以感受歡愉及釋放，這反而讓我感覺輕鬆。我試圖讓我的腦中一片空白，我讓宮縮吞噬了我。

突然間，我有一種全新的感受：信任。我的身體帶我走了這麼遠，不是嗎？它是有韌性的，九個月以來，它庇蔭著我成長中的兒子，讓他的心臟保持跳動，並讓他在我的體內發育出整體的、複雜的自我，而現在它正準時地打開大門。那時我明白了，我應該要放手。儘管我心懷恐懼，我仍感到平靜。我投降了。

當我們抵達醫院時，我爬過大廳，靠著電梯的牆壁整個人扭曲著。在產房裡，一個女人詢問了我的名字，而我正蜷縮著在一旁的椅子上坐下，將我的頭壓在扶手上。我人在那裡，但又不像真的在那裡。我在我的身體裡面，我的身體是一台不顧任何事或任何人，正在被惡狠狠拆毀的機器。我保持專注，拒絕讓我的大腦中斷我身體機制的運作。我的身體知道該做什麼，我只要不要干涉它就好。

太陽升起後一小時，到了該推擠我肚子的時候了。粉紅色和橘色的光線從百葉窗縫隙中透進醫院的房間內，條紋狀的陰影布滿牆上。當我用力推的時候，我要求要一面鏡子。我想看看我的身體，我想見證它運作的過程。

我在一個小的塑膠容器嘔吐，護士拿著容器將它靠近我的嘴邊。這一切都很明亮。沒有任何顏色，只有白色的光。那時已是早晨時分，整個城市正在甦醒。我想到那些被啜飲的咖啡、那些熱水澡、那些愛侶在一起共度春宵後互相道別。數百萬人進行著自己的早晨儀式，讓自己的身體準備好迎接生命中新的一天。生產，就像那些任何小型的活動一樣平凡，每一刻都有一位女人的身體正在經歷生產。我們的身體帶著我們經歷我們人生的方式既是如此偉大，又是如此平凡。

我的骨盆像是被一刀穿刺，痛覺延伸至整個下背。一波波宮縮指引著整個房間的人們，宮縮的節奏決定了一切。每次當宮縮的痛楚到達頂峰時，我就會大聲宣布，這時護士、醫生和S就會跑到我身旁的預備位置上，接著，就像是潮汐一般，宮縮痛楚再次漸弱然後散去。我因為一次次地用力推擠而獲得獎勵，得以從疼痛中獲得喘息，然後看到了我兒子的頭頂。

從放在我上方的鏡子中看去，我再也無法認出我的臉：它是那麼浮腫和泛紅，太陽穴上的血管顯而易見且搏動著。我的身體臃腫、原始且陌生。所有的一切都蛻變了。我的寶寶的心跳在監測器中怦怦作響。

我聽見有個聲音在說什麼時間已經拖了太久，寶寶太大隻，而我又太小隻。

「可能需要拿個真空吸引器。」醫生說道。**不要**，我心想。

「用力推！」S說道，他的雙手撐著我的頭，將他的前額靠在我額頭上，我閉上了我的眼睛。

「你很快就可以見到你兒子了！」護士說，鼓勵著我。我之前一直不明白，為何人們會將生產描述得像是會面一樣，但現在我懂了。

我感覺著他，他的身體在我的胸膛之上，但更準確地說，我感覺到他存在於這個房間裡。

呆愣愣地，我將他抱向我。**我的骨肉**，我想著。

那面鏡子已經被推到一邊，但我仍然可以透過鏡子看到那個他從那裡出現的地方──我的身體。

致謝

〈買回我自己〉這篇文章的初始版本由《紐約雜誌》（*New York magazine*）編印。感謝大衛・哈斯凱爾（David Haskell）早於其他人冒險一搏地信任我。感謝瑪麗莎・卡羅爾（Marisa Carroll）特別選中那篇文章。

我非常感激讀者分享他們如何受到我的故事影響，你們讓我覺得自己比較不孤單了，你們給了我希望。

感謝：

謝謝艾咪・艾因霍恩（Amy Einhorn）與整個大都會圖書（Metropolitan Books）的團隊，謝謝你們熱烈投入奉獻給這本書。

謝謝我的編輯，莎拉・比奇特爾（Sarah Bershtel）和莉娃・霍赫曼（Riva Hocherman），謝謝你們的簡潔用字、體貼和耐心。我欠你們好多，多虧有你們精明的雙眼和寬大的心胸。謝謝你們看見這本書，並將其視為屬於大都會圖書的書。也謝謝布萊恩・雷克斯（Brian Lax），他讓我們能保持井然有序。

謝謝奈特・穆斯卡托（Nate Muscato），謝謝我靈敏又傑出的經紀人大衛・庫恩（David Kuhn），我很珍惜我們的友誼。

謝謝艾咪，謝謝你這麼多年的支持。

謝謝琳賽・嘉琳（Lindsay Galin），那麼無畏、認真又總是那麼誠實。

謝謝皮帕（Pippa）與瑪麗（Mary），謝謝你們當我早期的讀者。你們的見解讓一切都變得不一樣。

謝謝麗茲（Liz），教導我如何傾聽我身體的聲音。

謝謝莎拉（Sarah），謝謝你牽著我的手，一路上都陪著我一起走。

謝謝喬許（Josh），摘下了珍貴的面具，只為了告訴我他對我作品的看法。

謝謝莉娜（Lena）和所有其他敞開雙臂歡迎我的作家。

謝謝史蒂芬妮・登樂（Stephanie Danler），我毫無預警地寄出一封電子郵件給你，附上冗長又雜亂的文章草稿，請求你給我一些感想回饋。我永遠無法表達讀到你寫的那幾個字「沒錯，你就是個作家」時，對我的意義有多麼重大。謝謝你總是在我需要的時候都在。你的善良、體貼和慷慨給了我信心來寫這本書。

謝謝凱特（Kat），謝謝你當我的家人，並且永遠愛著我。

謝謝芭芭拉（Barbara），謝謝你讓我的生命盈滿喜悅。

謝謝我的母親和我的父親，你們是我最先認識的、說故事的專家。

謝謝我的老公，謝謝你向我展現了愛可以這樣讓人改變。

謝謝斯萊，這本書是獻給你的。當你在我體內長大時，我正在書寫，我希望為了你，我能成為一個最佳版本的我自己。

Diverge 01

我的身體，你的商品：那些女性對於欲望、權力與個人意志的自我掙扎

My Body

作者　艾蜜莉．瑞特考斯基（Emily Ratajkowski）
譯者　賴嬋

堡壘文化有限公司
總 編 輯　簡欣彥
副總編輯　簡伯儒
責任編輯　張詠翔
行銷企劃　許凱棣、曾羽彤
封面設計　文豪
內頁構成　家思排版工作室
內文校對　魏秋綢

讀書共和國出版集團
社長　郭重興
發行人　曾大福
業務平台總經理　李雪麗
業務平台副總經理　李復民
實體通路暨直營網路書店組／林詩富、陳志峰、郭文弘、賴佩瑜、王文賓、周宥騰
海外暨博客來組／張鑫峰、林裴瑤、范光杰
特販組　陳綺瑩、郭文龍
版權部　黃知涵
印務部　江域平、黃禮賢、李孟儒

出版　堡壘文化有限公司
發行　遠足文化事業股份有限公司
地址　231新北市新店區民權路108-2號9樓
電話　02-22181417
傳真　02-22188057
Email　service@bookrep.com.tw
郵撥帳號　19504465 遠足文化事業股份有限公司
客服專線　0800-221-029
網址　http://www.bookrep.com.tw
法律顧問　華洋法律事務所　蘇文生律師
印製　呈靖彩印有限公司
初版1刷　2023年2月
定價　新臺幣420元

國家圖書館出版品預行編目（CIP）資料

我的身體，你的商品：那些女性對於欲望、權力與個人意志的自我掙扎 / 艾蜜莉．瑞特考斯基（Emily Ratajkowski）作；賴嬋譯. -- 初版. -- 新北市：堡壘文化有限公司出版：遠足文化事業股份有限公司發行, 2023.02
　面；　公分
譯自：My body
ISBN　978-626-7240-08-3（平裝）

1. CST: 瑞特考斯基@@Ratajkowski, Emily, 1991-)(
2. CST: 女性主義　3. CST: 性別平等

544.52　　111020969